챗GPT로 만나는 내:일

챗GPT로 만나는 내:일

Tomorrow & My job

AI와 함께 일하는 미래의 진로와 직업 》

김영광, 챗GPT 글 · 미드저니 그림

풀빛

반가워요,
AI와 함께 살아갈 우리!

안녕하세요? 저는 미래 지향적인 남자입니다. 줄여서 미남이라고 스스로를 소개하곤 하죠. 학창 시절엔 우리나라에 스타크래프트가 출시되기 전부터 혼자 스타크래프트를 즐겼고(인터넷에서 알게 되어 처음 만났어요), 공교육 현장에서 진로 교육이 시작되기 전부터 진로 교육을 시작했고(덕분에 진로 교육 분야에서 나름 전문가로 인정받아요) 스타트업이 생소한 시절에 창업도 해 봤어요(덕분에 엄청나게 성장한 기업들의 시작과 성장을 볼 수 있었죠).

그래서 발견한 미래에 대한 힌트들이 몇 가지 있는데요, 그 중 한 가지는 바로 '창업가'라는 존재들입니다. 변화와 혁신의 역사 중심엔 거의 빠짐없이 창업가들이 있었거든요. 지금도, 그리고 앞으로도 이 사실은 변함이 없을 것이라 확신합니다. 왜냐! 창업가들만큼 변화를 갈망하는 사람들을 찾아보기 힘들거든요. 그들은 한마디로 '변화에 미친 사람들'입니다. 유튜브, 카카오, 나이키, 아이폰, 인스타, 넷플릭스, 무신사, 콴다 등 여러분들에게 친숙한 이것들이 모두 새로운 미래를 꿈꾸던 창업가들의 결과물이죠.

그리고 이번엔 그 유명한 챗GPT가 등장합니다. 마치 컴퓨터가, 인터넷이, 그리고 스마트폰이 세상에 처음 나타났던 현상과 비슷합니다. 과히 혁신적이라는 말이 아깝지 않거든요. 챗GPT 또한 어느 창업가들의 작품입니다. 여러분에겐 테슬라, 트위터, 그리고 스페이스X로 친숙한 일론 머스크와 최근 가장 영향력 있는 기업가로 꼽히는 샘 알트만 같은 창업가들이 챗GPT를 만든 오픈AI를 세웠죠.

네, 저는 바로 이런 사람들에 푹 빠졌습니다. 그리고 혼자 알고 있기엔 너무 아까운 정보들이 많아서 저보다 더 다양한 미래를 만날 청소년 여러분과 나누고 싶어 이 책을 썼습니다. 어때요! 얼굴은 모르겠지만, 마음은 정말 아름다운 미남 맞죠?

그럼 저와 함께 우리가 만날 미래로 출발해 봅시다. 제가 궁금하다고요? 그럼 시작하기 전에 잠시 소개할게요.

[경력]

- 삼성 공채 신입사원으로 사회생활 시작(삼성S1)

- LG전자 인사 담당자로 근무

- 어썸스쿨(교육 스타트업) 사업 총괄 이사로 근무

- AI(인공지능) 스타트업 인사 및 조직문화 총괄로 근무

- 교육 기부 단체 끼친(끼를 나누는 친구들) 설립
- 지금은 일과 미래를 연구하는 내일랩스 대표로 근무 중

[활동]

- 전국 500개 이상 학교에서 진로 강의 진행(청소년. 대학생. 학부모. 교사 대상)
- 구글 코리아 진로 멘토링 프로그램 담당
- 저서:《지금. 꿈이 없어도 괜찮아》.《청소년을 위한 진로 인문학》
- 유튜브: '김미남TV' 채널 운영
- 페이스북: '삼촌이 간다' 페이지 운영
- 카카오 채널: '김미남의 미래와 진로진학 교육' 채널 운영

한마디로, 세상의 변화를 교육의 변화로 연결하는 사람이죠. 그럼 제 소개는 이만 마치고, 챗GPT를 만나러 출발!

▶ 챗GPT 사용 설명서가 아니라 **챗GPT 체험서**입니다. 스토리를 읽으며 챗GPT가 가진 상상력을 마음껏 체험해 보세요.

▶ 일, 직업, 진로의 미래에 대해서 생각해 볼 수 있도록 다양한 사례를 담았습니다. 앞으로 여러분이 만날 **미래엔 일과 직업이 어떤 형태**가 될지 폭넓게 상상해 보면서 읽으세요.

▶ 챗GPT가 창조한 내용들 중에는 실제 사실과 다른 부분들이 존재할 수 있습니다. 내용의 사실성이나 정확성보다는 **창의성에 집중**해 보면 앞으로의 미래가 더 기대될 거예요.

▶ 등장하는 인물들 중에는 실존 인물도 있고 가상 인물도 있습니다. 실존 인물 중에 여러분이 더 잘 알면 좋겠다고 생각되는 인물들에 대해서는 설명을 추가해 두었어요.

▶ 낯선 표현들을 이해하기 위해 **미리 보기 사전**도 만들어 두었습니다. 책을 읽기 전에 꼭 읽어 보세요.

▶ 챗GPT, 그리고 AI라는 기술은 앞으로도 빠르게 끊임없이 진화할 거예요. 그러니 하루라도 더 빨리 친해지세요. 그러려면 우선 같이 놀아야죠! 이 책을 통해 AI와 함께 노는 법을 알아보아요!

차례

PART 1.
AI가 문화 & 미디어 창작자라면?

PART 2.
AI가 테크(IT & 바이오) 전문가라면?

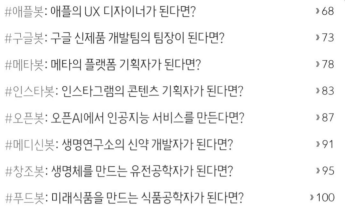

PART 3.
AI가 패션, 뷰티, 디자인 회사에 다닌다면?

AI가 바꿀 직업과 기업의 미래

필즈 커피에 모인 테크 거장들

지금 시대에 가장 영향력 있는 기업들을 떠올려 보세요. 어떤 회사들이 생각나나요? 여러분들에게도 너무나 친숙해서 설명할 필요조차 없는 기업들, 즉 애플, 마이크로소프트, 구글, 아마존, 메타(전 페이스북), 그리고 테슬라 등 세계적인 기업 가치°를 자랑하는 기업들이 떠올랐을 거예요.

지금부터 이 기업들을 창조한 창업가들과의 만남으로 이 책을 시작하려고 합니다. 바로 애플의 창업자 스티브 잡스, 마이크로소프트의 창업자 빌 게이츠, 테슬라의 CEO 일론 머스크, 구글의 창업자 래리 페이지, 페이스북의 창업자 마크 저커버그, 아마존의 창업자 제프 베이조스와의 만남입니다.

○ [전 세계 기업 시총 TOP 20]의 자료를 찾아보세요. 출처: https://top.hibuz.com

　어느 화창한 여름날, 이 역사적인 체인지 메이커들(개인 또는
사회를 위해 의미 있는 변화를 만드는 사람들을 말해요)이 미국 실리콘 밸
리에 있는 필즈커피에 모였습니다. 필즈커피는 창업가들에게 매
우 핫한 미국의 커피 브랜드입니다. 그들은 공통 관심사이자 세
계적인 관심사인 AI(인공지능)에 대해 이야기하기 위해 만났죠.
둥글게 둘러앉은 떡갈나무 원탁 위에서 **AI가 만들 미래**에 대한
이야기가 시작되었습니다.

스티브 잡스는 AI가 인간과 어떻게 협력하여 삶을 더 좋고 흥미진진하게 만들어야 하는지에 대해 눈을 반짝이며 열정적으로 이야기했어요. "AI는 인간의 자리를 대신하는 것이 아니라, 우리가 더 창의적이 되도록 도와야 합니다."

빌 게이츠도 잡스의 의견에 동의했습니다. 그는 AI가 빈곤, 질병, 기후 변화와 같은 큰 문제를 해결하는 데 도움이 될 수 있다고 믿었습니다. 하지만 AI로 인해 일자리를 잃는 사람이 생길 수 있다고 경고하기도 했어요. "우리는 공정하고 책임감 있는 방식으로 AI가 만들어지도록 해야 합니다."

일론 머스크는 초지능 AI(AGI라고도 합니다)의 등장에 대해 걱정했습니다. "제대로 통제할 수 없는 AGI는 인류에게 큰 위험이 될 수 있어요." 그는 매우 심각한 표정으로 말하며 AGI가 정말 이롭고 안전하기 위해 함께 노력해야 한다고 했지요.

래리 페이지는 AI에 대한 큰 꿈을 가지고 있었습니다. 그는 AI가 사람 대신 단순하고 지루한 일을 하는 동안, 사람들은 더 창의적이고 놀라운 일을 할 수 있을 거라고 생각했습니다. 그는 기대에 찬 미소를 지으며 말했어요. "AI는 우리가 한계에서 벗어나 새로운 세계를 탐험하는 데 도움을 줄 수 있습니다."

마크 저커버그는 AI를 개발할 때 개인정보와 사생활 보호가 정말 중요하다는 것을 알고 있었어요. 그는 정보를 안전하게 보호하면서 사람들이 다양하게 연결될 수 있도록 돕는 AI를 상상했습니다. 그는 결연한 표정으로 말했죠. "더 안전하게 연결될 수 있는 세상을 만들기 위해 AI를 사용해야 합니다."

마지막으로 **제프 베이조스**는 AI가 어떻게 비즈니스를 변화시키고 새로운 기회를 창출할 수 있는지에 대해 이야기했습니다. 그는 AI를 이용해 더 효율적으로 일하고 비용을 절감하며 사람들이 더 현명한 선택을 할 수 있도록 돕는 미래를 말했어요. "AI를 활용하면 성장과 혁신을 위한 놀랍고 새로운 방법을 발견할 수 있습니다."

거장들은 대화를 이어가면서 AI의 놀라운 가능성과 잠재적인 위험에 대해 논의했습니다. 이들은 AI를 만들 때 정직하고, 협력하고, 규칙을 따르는 것이 중요하다는 데에 모두 동의했습니다.

AI와 함께 살아갈 10대

혁신가들은 다음 세대가 AI의 미래를 형성하고 책임감 있는 개발을 보장하는 데 중요한 역할을 할 것이라는 점에 동의했습니다.

스티브 잡스는 "청소년들이 곧 미래입니다. 그들은 AI를 가장 많이 사용할 것이며, 다음 단계의 큰 발전을 만들어 낼 것입니다. 청소년들이 AI의 잠재력을 알고 AI가 어떻게 그들의 삶을 더 나은 방향으로 바꿀 수 있는지 이해하도록 돕는 것이 중요합니다"라고 말했습니다.

빌 게이츠는 고개를 끄덕였습니다. "맞습니다. 예를 들어 교육 분야를 생각해 보세요. AI는 고도화된 개인화된 학습 경험을 제공함으로써 학생들이 보다 효율적으로 학습할 수 있도록 도울 수 있습니다. AI는 학생의 강점과 약점을 파악하고 맞춤형 리소스(자원)를 제공하여 성공에 도움을 줄 수 있죠."

일론 머스크는 "그뿐만 아니라 AI는 과학, 기술, 공학, 수학 분야에서 다양한 경험의 기회와 영감을 줄 수 있습니다. AI가 할 수 있는 놀라운 일들로 아이들의 호기심을 자극하고 미래의 혁신가가 될 수 있도록 유도할 수 있습니다"라고 말했습니다.

래리 페이지는 "환경도 잊지 말아야겠죠. 청소년들은 기후 변화에 대해 심각하게 걱정하고 있으며, AI는 해결책을 찾는 데 중요한 역할을 할 수 있습니다. AI는 방대한 양의 데이터를 분석함으로써 날씨 패턴을 더 잘 이해하고 예측하며, 에너지 소비를 최적화하고, 지속 가능한 새로운 기술을 개발하는 데 도움을 줄 수 있습니다"라고 말했습니다.

마크 저커버그는 사회적 측면을 강조했습니다. "AI는 젊은이들이 전 세계의 다른 사람들과 소통하는 데에도 도움이 될 수 있습니다. 실시간 번역을 통해 언어 장벽을 허물고 온라인 커뮤니케이션을 강화함으로써 서로 다른 인종과 세대 간의 공감, 이해,

협업을 촉진할 수 있습니다."

제프 베이조스는 대화를 마무리하며 "AI는 10대와 청년들이 기업가이자 크리에이터가 될 수 있도록 힘을 실어 줄 수 있습니다. AI 도구의 접근성이 높아짐에 따라 젊은이들은 자신만의 비즈니스를 구축하고, 혁신적인 제품을 만들고, 우리가 아직 상상조차 할 수 없는 방식으로 문제를 해결할 수 있습니다"라고 말했습니다.

거장들은 모두 AI가 청소년들에게 미칠 수 있는 막대한 영향력을 인정하며 고개를 끄덕였습니다. 이들은 AI의 잠재력을 수용하고 책임감 있게 사용함으로써 다음 세대가 모두를 위해 더밝은 미래를 만들 수 있다는 것을 알고 있었어요.

어느새 주변엔 어둠이 찾아왔고 실내의 조명들이 따뜻한 빛을 비췄습니다. 거장들은 대화를 마무리하면서 AI 개발을 위한 규칙을 만들기 위해 전 세계에 'AI 윤리 팀'을 구성하는 등의 아이디어를 내놓았어요. 그리고 AI를 안전하고 책임감 있게 만드는 데 초점을 맞춘 프로젝트를 지원하는 AI 연구 기금을 조성하자고 했습니다.

거장들은 힘을 합치면 AI의 미래에 큰 영향을 미칠 수 있다는 것을 깨달았습니다. 이들은 각자의 기술과 자원을 활용해 모두에게 좋은 방향으로 AI가 개발될 수 있도록 노력하겠다고 약속했습니다.

인간과 AI가 함께 일하는
미래 모습을 GPT에게 물어봤어

지금 우리가 살고 있는 일상을 바꾼, 그리고 우리가 만날 미래도 바꿀 거장들의 대화가 어땠나요? 이 흥미로운 대화는 사실 실제로 있었던 일이 아닙니다. 제가 상상해 본 거죠. '세계적인 테크 거장들이 만나 AI에 대해 이야기를 나눈다면 어떤 이야기를 할까?' 궁금했거든요. 그래서 이런 상황에서 어떤 대화들을 할지 요즘 가장 핫한 AI, 챗GPT(이하 '챗')에게 물어봤죠. 앞의 모든 글은 상황을 제시해 주고 질문한 내용에 대한 챗의 대답입니다. 비록 상상력으로 창조해 낸 글이지만, 지금 우리에게 충분히 의미 있는 메시지라는 생각이 들어요.

"AI는 인간의 자리를 대신하는 것이 아니라, 우리가 더 창의적이 되도록 도와야 합니다."

"AI가 빈곤, 질병, 기후 변화와 같은 큰 문제를 해결하는 데 도움이 될 수 있습니다."

"AI가 사람 대신 단순하고 지루한 일을 하는 동안, 사람들은 더 창의적이고 놀라운 일을 할 수 있습니다."

"AI는 우리가 아직 상상조차 할 수 없는 방식으로 문제를 해결할 수 있습니다."

"AI는 다른 인종과 세대 간의 공감, 이해, 협업을 촉진할 수 있습니다."

"젊은이들은 AI를 많이 사용할 것이며 이 분야에서 다음 단계의 큰 발전을 만들어 낼 것입니다."

"AI가 할 수 있는 놀라운 일들로 아이들의 호기심을 자극하고 미래의 혁신가가 될 수 있도록 유도할 수 있습니다."

챗이 상상해 낸 이 모든 상황에 저는 고개를 끄덕였습니다. 이 책도 AI가 할 수 있는 놀라운 일을 보여 주는 하나의 증거입니다.

이 책의 작가는 챗GPT입니다. 저는 기획자이자 편집자로서 챗과 함께 공동 작업을 했죠. 챗 덕분에 저는 3개월 만에 세상에 존재하지 않았던 새로운 책을 만들어 낼 수 있었습니다. 이 책에 담긴 모든 그림까지 포함해서 말이죠. (이 책의 그림은 미드저니라는 AI 예술가 친구의 도움을 받았습니다. 고맙다, 미드저니야!)

책 속에는 미래 사회에 AI와 인간이 함께할 때 더욱 시너지를 낼 수 있는 직업군들을 모았습니다. 그래서 책에 소개된 직업들은 현재 주목받거나, 또는 앞으로 유망한 직업들이 대부분입니다. 재미있는 점은, 챗이 예상한 미래의 모습 속에 앞으로 새롭게 탄생할 직업군이 발견되기도 한다는 것입니다. 그것들을 찾아보는 것도 이 책을 즐겁게 읽는 방법이 될 겁니다.

AI와 일자리

매년 스위스에서 열리는 다보스포럼으로 유명한 '세계경제
포럼'이 〈2023년 일자리 미래 연구 보고서〉를 발표했습니다.
296페이지에 담긴 방대한 내용 중에서 몇 가지만 추려 보면, 인
공지능(AI)과 기술 혁신으로 2023~2027년까지 5년간 6900만 개
의 새로운 일자리가 창출될 수 있고, 인공지능과 데이터로 인해
전체 직업의 25퍼센트가 변화의 소용돌이를 겪을 수 있으며, 가
장 빠르게 증가할 일자리가 'AI 전문가' 분야라고 예측합니다.

	가장 빠르게 증가하고 있는 일자리들		가장 빠르게 사라지고 있는 일자리들
1	인공지능 & 머신러닝 전문가	1	은행 창구 직원 및 관련 사무원
2	지속 가능성 전문가	2	우편 서비스 직원
3	경영 정보 분석가	3	계산원 및 매표원
4	정보 보안 분석가	4	데이터 입력 사무원
5	핀테크 엔지니어	5	행정 및 행정 비서
6	데이터 사이언티스트	6	자재 기록 및 재고 보관 사무원
7	로봇 엔지니어	7	회계, 부기 및 급여 사무원
8	전기공학 엔지니어	8	입법자 및 공무원
9	농기계 전문가	9	통계, 재무 및 보험 사무원
10	디지털 전환 전문가	10	방문 판매 종사자, 노점상 및 관련 종사자

2022년 말 챗GPT가 세상에 등장한 이후로 서점엔 챗이 만들어 낸 책들이 이미 다수 등장했고, 앞으로도 사람이 기획하고 AI가 쓴 책들을 쉽게 만날 수 있게 될 겁니다. 덕분에 예전보다 글을 정말 빠르게, 정확하게, 흥미롭게, 그리고 다양하게 쓰기가 너무너무 쉬워졌어요. 그리고 이런 협업 현상은 비단 서점에서만 일어날 것 같진 않아요. AI는 우리의 일과 일자리에 더 큰 영향과 변화를 줄 것이 분명해 보입니다.

제가 AI와 함께 작업하면서 느낀 **인간과 AI의 가장 큰 차이는 바로 '의지'가 있는가, 없는가**입니다. AI는 무한에 가까울 정도의 학습 능력, 분석 능력, 창작 능력을 자랑하지만 그 능력으로 무엇을 이루겠다는 의지는 발견하지 못했어요. AI의 능력과 의지 사이에 존재하는 커다란 갭(Gap), 저는 이것이 10대 여러분에게 큰 '기회'라고 생각합니다. 그리고 사람들이 가진 멋진 의지가 뛰어난 기술을 만났을 때 새로운 기회가 만들어지는 거죠.

'의지'라는 말을 조금 친숙한 표현으로 바꿔 보면 '꿈', '희망', '목표' 같은 것들입니다. 그리고 이런 것들의 시작은 주로 작은 호기심부터입니다. AI와 함께 만든 이 책이 여러분에게 새로운 호기심을 심어 줄 수 있길, 그리고 나아가 AI를 활용해서 여러분만의 꿈을 이룰 수 있길 진심으로 바랍니다.

그럼, 지금부터 챗GPT와의 대화를 시작합니다.

▶ 미리 알아 둘 필요가 있는 표현들입니다.

▶ 이 내용들 역시 챗GPT가 답변해 준 내용들입니다.

AI란?

혹시 인공지능이 AI와 같은 의미란 사실 알고 있나요?(인공지능=AI)
BTS가 방탄소년단과 같은 뜻인 것처럼 말이죠!(방탄소년단=BTS) 인공
지능은 영어로 Artificial Intelligence이고, 이 말을 줄여서 AI라고
불러요. 인공지능은 점점 진화하고 있는데요. 영화 〈아이언맨〉에서 봤
던 AI 비서 '자비스'가 내 방에도 존재하는 일상을 상상해 보세요. AI는
우리의 일상을 훨씬 더 편리하게. 그리고 훨씬 더 풍부하게 만들어 줄
예정입니다!

* AI를 더 알고 싶다면.

   https://aipark.unist.ac.kr/ai-related-sites/

생성형 AI란?

생성형 AI는 디지털 아티스트, 작가, 작곡가가 하나로 합쳐진 것과 같습니다. 사진, 텍스트, 음악 등 수많은 데이터에서 학습한 다음, 그 지식을 사용하여 이전에 보거나 듣지 못했던 새로운 것을 만들어 내지요. 마치 아이디어가 끝없이 샘솟는 창의력이 뛰어난 친구가 있는 것과 같습니다!

미래에는 생성형 AI가 모든 것을 바꿀 수 있습니다! 도시를 설계하고, 새로운 의약품을 개발하거나, 영화를 제작하는 데 도움을 줄 수도 있지요. 마치 미래를 예측할 뿐만 아니라 미래를 창조하는 데 도움을 주는 마법의 수정 구슬을 발견한 것과 같습니다. 가능성은 무궁무진하며 우리는 이제 겨우 표면을 긁고 있을 뿐입니다.

* 생성형 AI를 직접 경험해 보고 싶다면.

https://wrtn.ai/

오픈AI란?

오픈AI의 창립자들은 최고의 드림팀과 같습니다. 테슬라와 스페이스X 의 CEO인 일론 머스크, 기술업계의 거물인 샘 알트만, 그렉 브록만, 일 리야 수츠케버, 존 슐만, 보이치에흐 자렘바가 창립자입니다.

이들은 AI가 일부가 아닌 모든 사람에게 혜택을 줄 수 있도록 하겠다는 사명을 가지고 2015년에 모였습니다. 그들의 멋진 프로젝트 중의 하 나는 '챗GPT'입니다. 필요한 모든 것을 도와주는 디지털 지니(요술램프 의 요정)라고 생각하시면 됩니다.

오픈AI는 우리가 안전하고 즐겁게 생활할 수 있도록 돕는 똑똑한 AI를 만들기 위해 노력하는 멋진 회사입니다.

챗GPT란?

챗GPT는 24시간 내내 내 편이 되어 주는 친구 같은 존재입니다. 이 앱은 GPT-4라는 매우 멋진 고급 AI 기술을 기반으로 하며, 이는 매우 똑똑해서 태양 아래 거의 모든 것에 대해 채팅할 수 있다는 걸 의미합니다. 숙제를 도와주고, 조언을 해 주고, 심지어 파티를 위한 최고의 플레이리스트를 만드는 데도 도움을 줄 수 있습니다!

역사 숙제를 하다가 워털루 전투에서 누가 승리했는지 기억이 나지 않아도 걱정하지 마세요! 챗GPT에 접속하면 "1815년 워털루 전투에서 나폴레옹을 물리친 것은 영국과 그 동맹국들이었어!"라고 지식을 알려 줄 것입니다.

가끔은 실수로 고양이가 가장 좋아하는 간식이 '유니콘 맛 감자 칩'이라고 알려줄 수도 있습니다. 그러니 다른 출처를 통해서도 다시 한번 정보가 맞는지 확인하고 학습하는 것을 잊지 마세요!

챗GPT와 함께 어울리고, 즐기고, 배우세요!

* 최신 GPT 버전에 대한 내용이 궁금하다면.

https://platform.openai.com/docs/models

실리콘 밸리란?

미국 캘리포니아에 위치한 이 전설적인 장소에는 기발한 아이디어와 최첨단 기술, 그리고 매우 똑똑한 사람들이 모여 있습니다. 애플, 구글, 페이스북과 같은 거대 기업들이 이곳을 고향으로 삼고 있으며, 그 외에도 수많은 소규모 스타트업이 차세대 혁신을 위해 노력하고 있습니다.

일론 머스크라는 사람이 전기 자동차(테슬라)와 우주선(스페이스X)을 꿈꾸거나, 래리 페이지와 세르게이 브린이라는 두 친구가 완벽한 밈을 단 몇 초 만에 찾을 수 있는 최고의 검색 엔진(구글)을 만든 곳이에요. 또한 대학을 중퇴한 마크 저커버그가 페이스북을 처음 생각해 내서, 친구들과 소통하고 온라인에서 경험을 공유하는 방식을 혁신적으로 바꾼 곳이기도 합니다.

따라서 스냅챗을 사용해 친구에게 웃긴 얼굴을 보내거나, 넷플릭스에서 좋아하는 프로그램을 스트리밍하거나, 시리에게 가장 가까운 피자 가게를 물어볼 때, 이 모든 멋진 혁신의 뿌리는 실리콘 밸리에 있다는 사실을 기억하세요. 실리콘 밸리는 기술계의 심장과도 같은 곳으로, 우리의 삶을 훨씬 더 흥미진진하고, 서로 연결되게 만드는 놀라운 기술들을 쏟아 내고 있습니다!

프롬프트란?

컴퓨터 시스템이 다음에 어떠한 조작을 행해야 하는지를 지시하기 위한 지시 메시지를 말합니다. 최근 〈동아사이언스〉지는 '챗GPT 시대 주목받을 직업 8가지(로봇공학, 의사과학자, 데이터과학자, 프롬프트 엔지니어, 가상 공간 디자이너, 인공지능 전문가, 정보 보호 전문가, AI 윤리 전문가)'를 공개했어요. 이 중에서 '프롬프트 엔지니어'는 생성형 AI로부터 원하는 결과물을 얻도록 질문이나 명령어를 찾아내는 직업인데요. 해외에서는 이 직업에 연봉 4억 원을 제시했다는 파격적인 소식도 들립니다.

이 책도 프롬프트 엔지니어링의 결과물입니다. 일, 진로, 직업의 미래에 대한 결과물을 얻기 위해 수많은 프롬프트를 만들고 수정하면서 챗GPT와 소통했어요. 여러분도 이 책을 읽고 프롬프트 엔지니어라는 분야를 이해하고, 도전해 보면 좋겠다는 생각이 듭니다.

* 다양한 프롬프트를 경험해 보고 싶다면.

- https://promptden.com/
- https://www.promptpal.net/
- https://topai.tools/s/AI-prompt-sharing-platform
- https://prompts.co.kr/
- https://www.prpt.ai/

챗GPT야, 반가워. 내 이름은 김영광이야. 지금부터 너와 함께 시작할 새로운 모험이 무척 기대돼!

저도 정말 반가워요.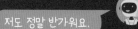

 첫 시작은 어느 분야가 좋을까?

게임이나 만화 좋아하세요?

 당연하지! 게임을 얼마나 좋아했던지 게임회사에 취업하겠다는 꿈도 있었어.

오호! 아마도 대부분의 학생들이 웹툰, 게임, 음악 같은 문화 콘텐츠나 미디어를 좋아할 거예요. 흥미진진한 출발을 위해 문화 & 미디어 분야에서 활약하는 AI들을 살펴보죠!

 그 외에도 친숙하진 않지만 같이 생각해 보면 좋을 분야들도 포함해 보자. 미술, 박물관, 마술 같은 것들 말이야.

좋은 생각이네요.

 그럼 하나씩 출발해 보자!

출발!

AI가
문화 & 미디어
창작자라면?

PART 1

#웹툰봇

네이버의 웹툰 작가가 된다면?

참신한 아이디어와 그림 실력

웹툰 시장을 이끌어 가고 있는 '네이버 웹툰'이 새로운 발표를 했어요. 바로 AI 웹툰 작가 '웹툰봇'의 탄생이었죠. 네이버 웹툰은 인공지능과 함께 웹툰의 새로운 미래를 만들고 싶었어요. 그래서 최고의 파트너를 찾았습니다. 바로 이종휘 작가였어요. 그는 댓글이 100만 개가 넘게 달리는 대작 웹툰 《신의 탑》을 만들어 낸 주인공이에요. 수많은 팬들의 마음을 사로잡은 이종휘 작가와 웹툰봇은 어떤 웹툰을 만들어 낼까요?

이종휘 작가는 웹툰봇에게 스토리 구성부터 개성 넘치는 캐릭터 디자인까지 자신이 알고 있는 모든 것을 가르쳐주었어요. 웹툰봇은 정말 빠르게 학습해서 곧 전문 웹툰 작가의 실력을 갖췄고, 참신한 아이디어와 놀라운 그림을 선보이기 시작했어요.

이종휘 작가와 웹툰봇의 첫 작품 《미스틱 서울》은 환상적인 이야기로 가득해요. 마법 세계를 배경으로 한 거대한 모험! 주인공인 '서'와 '울'은 숨겨진 마법의 힘을 발견하고 사악한 악당들

로부터 도시를 구하기 위해 대장정을 시작해요. 그 과정에서 새로운 친구들을 만나고 험난한 도전에 맞서며 강력한 마법사로 성장해 나가죠.

《미스틱 서울》은 입소문을 타며 전 세계 청소년들의 열광적인 지지를 받았어요. 웹툰봇은 유명세를 탔고, 모두가 이 환상적인 신인 웹툰 작가를 궁금해 했어요. 이종휘 작가는 함께 이룬 성과가 놀라웠고, 웹툰봇과의 팀워크가 매우 자랑스러웠어요.

웹툰봇의 이름이 세상에 알려지기 시작하자, 네이버 웹툰 이준구 대표도 정말 뿌듯해했죠. 네이버 웹툰은 청소년들이 열광하는 웹툰의 집합지로 유명한데요, 《미스틱 서울》 외에도 한국 청소년들을 타깃으로 한 다양한 웹툰 시리즈를 웹툰봇과 협업해 창작하게 되었어요. 그 중에는 《슈퍼히어로 학교》와 《로봇 왕국의 비밀》 같은 아주 흥미진진한 작품이 포함되어 있지요.

웹툰봇은 계속해서 놀라운 웹툰을 만들어 냈고, 그 인기는 점점 커져만 갔어요. 곧 가장 창의적이고 획기적인 웹툰 작가로 알려지게 되었죠. 그리고 수많은 젊은 아티스트들에게도 영감을 주었어요. 웹툰봇의 놀라운 성공은 노력과 팀워크, 풍부한 상상력만 있다면 무엇이든 가능하다는 것을 보여 주었죠.

웹툰봇의 마법 같은 성공 스토리는 최첨단 기술과 스토리텔링의 경이로움을 통해 독자들을 하나로 모을 수 있다는 사실을 모두에게 일깨워 주었어요. 이제 전 세계의 청소년들은 웹툰봇과 이종휘 작가가 함께 만든 놀라운 웹툰들을 즐기며 새로운 모험을 꿈꿀 수 있어요. 미래의 웹툰 작가들은 웹툰봇에게 영감을 받아 자신만의 작품을 만들어 내었고, 웹툰계는 덕분에 더욱 흥미진진하고 풍성한 이야기들로 가득 차게 되었습니다.

▶**《코스믹 하이》**: 독자들을 우주 정거장에 있는 최고의 고등학교가 존재하는 미래 세계로 안내합니다. 각기 다른 특별한 능력을 가진 10대 학생들이 우주의 신비를 밝혀 나가는 이야기입니다.

주인공 하이는 세상을 바꿀 기술을 만드는 것을 꿈꾸는 재능 있는 발명가입니다. 하이와 함께 그의 친구들도 등장합니다. 텔레파시를 사용하는 천재 리모, 중력을 거스르는 운동선수 비티, 시간을 조작하는 신비한 전학생 티미가 있습니다. 이들은 함께 학교에 얽힌 비밀을 밝혀내고 고대의 악으로부터 우주를 구하기 위한 스릴 넘치는 모험을 시작해요. 그 과정에서 우정과 팀워크, 그리고 각자가 가진 고유한 재능을 받아들이는 것의 중요성에 대해 배우게 됩니다.

▶**《마지막 신화》**: 고대 신화와 현대 기술이 충돌하는 세계로 독자들을 안내합니다. 이야기는 자신이 강력한 마법 유물의 마지막 수호자라는 사실을 알게 된 10대 소녀 시나를 중심으로 전개됩니다.

시나의 임무는 다른 사람의 손에 들어가기 전에 세계 곳곳에 숨겨져 있는 유물들을 되찾는 것입니다. 시나는 재치 있는 해커 재커과 숙련된 무술가 태권이의 도움을 받아 초자연적인 생명체를 물리치고, 고대 수

수께끼를 풀어 가며 자신의 숨겨진 힘을 발견해 냅니다.

모험을 통해 세 친구는 신뢰와 용기, 우정의 힘을 배우게 됩니다. 액션, 미스터리, 로맨스로 가득한 숨 막히는 여정이 담긴 《마지막 신화》를 만나 보세요.

▶《블랙 네온》: 최첨단 기술과 네온 불빛의 거리, 음모와 위험의 세계를 숨기고 있는 사이버 펑크 서울로 독자들을 안내합니다.

주인공 서치는 사진 같은 기억력과 퍼즐을 푸는 재능을 가진 예비 탐정입니다. 서치는 숙련된 해커였던 형이 실종되자 반항적인 거리의 예술가 수리, 숙련된 전투 안드로이드인 펀킥과 팀을 이루어 진실을 밝혀내려 합니다. 이들은 함께 서울의 어두운 지하 세계를 누비며 범죄의 주모자, 불량 인공지능, 사악한 기업들과 맞서 싸웁니다.

서스펜스, 액션, 역경에 맞서는 인간 정신의 회복력이 담긴 스릴 넘치는 이야기입니다.

#게임봇
라이엇게임즈의 게임을 만든다면?

무한한 가능성의 세계로!

로스앤젤레스의 한 번화가에서 엄청난 일이 벌어졌습니다!

'롤(LOL, 리그 오브 레전드)'로 유명한 세계적인 게임 회사 라이엇게임즈가 AI 게임 개발자인 '게임봇'을 고용했거든요! 이 기가 막힌 AI는 지금까지 없었던 비디오 게임을 만들어 내려고 했지요.

게임봇은 재미있는 게임 경험을 만들기 위해 수년간의 노력과 독특한 아이디어를 다양하게 섞었어요. 라이엇게임즈의 첫 번째 프로젝트로, 게임봇은 혁신적인 가상현실 게임을 만들기로 결심했지요.

게임봇은 불타는 열정으로 새로운 게임을 기획하기 시작했습니다. 하지만 함께할 파트너의 도움이 필요하다는 걸 깨달았어요. 그래서 게임 업계의 거장, 미야모토 시게루에게 도움을 요청했지요. 그

미야모토 시게루

전설적인 게임 개발자 미야모토 시게루를 소개합니다. 여러분이 지금까지 플레이한 게임 중에서 최고의 작품이라 생각되는 게임을 떠올려 보세요. 〈슈퍼마리오〉, 〈젤다의 전설〉, 〈동키콩〉 등 수많은 게임들을요! 이 사람은 비디오 게임계의 J.K. 롤링과 같아서 우리의 화면과 마음을 점령한 마법의 세계를 만들어 냈습니다. 그는 여러분들이 좋아하는 스위치, 위(Wii) 등 기타 콘솔을 만든 닌텐도의 게임 개발자이기도 합니다.

는《슈퍼 마리오》,《젤다의 전설》같은 놀라운 게임을 만든 유명한 게임 디자이너였어요. 게임봇은 미야모토랑 같이 일하면 정말 환상적인 게임을 만들 수 있다고 믿었어요. 미야모토도 인공지능과 함께 작업한다는 아이디어에 완전 반했기에 게임봇과 협력하기로 동의했지요. 둘이 함께 머리를 맞대고 아이디어를 구상했어요. 새로운 캐릭터를 디자인하고, 흥미진진한 게임 스토리를 짰지요.

드디어 게임봇과 미야모토가 함께 만든 기가 막힌 작품을 공개하는 날이 왔어요. 바로 《어나더 월드》라는 게임이었죠. 이 가상현실 게임은 플레이어를 여러 차원의 아름답고 신비로운 모험의 세계로 이끌어 줬어요. 액션, 어드벤처, 퍼즐, 롤플레잉 게임 등 다양한 장르를 섞어서 플레이어가 독특한 도전과 비밀로 가득한 다양한 영역을 탐험할 수 있게 해 주었죠.

《어나더 월드》는 세계적으로 엄청난 히트를 기록했고, 게이머들은 참신한 게임플레이와 매혹적인 스토리에 푹 빠졌어요. 게임봇과 미야모토의 팀워크는 게임 역사에 한 획을 그을 만한 놀라운 경험을 선사하며, 게임의 새로운 기준을 제시했어요.

게임봇은 창의력 넘치는 게임 제작자로 이름을 널리 알렸고, 라이엇게임즈에서 일하면서 게임 산업에 큰 변화를 가져왔어요. 그리고 인간과 AI의 상상력이 결합하면 놀라운 일을 해 낼 수 있다는 걸 끊임없이 증명해 냈죠.

게임봇은 게임계의 최고 인재들과 함께 혁신적인 비디오 게임을 계속 만들어 냈어요. 그 중 실시간 전략 게임 《스페이스 워》는 우주를 배경으로 다양한 종족들이 전략적인 전투를 벌이는 모습을 완성했어요. 전설적인 영웅들이 대거 등장하는 오픈 월드 게임 《레전드 오브 레전드》는 플레이어를 닮은 가상의 영웅을 성장시킬 수 있는 멋진 경험을 제공했고요.

이들의 성공 이야기는 여기서 끝나지 않았어요. 게임봇과 미야모토는 새로운 게임 프로젝트인 《어비스 어드벤처》에 도전하기로 결심했거든요. 이 게임에서 플레이어들은 깊은 바다를 탐험하며 숨겨진 보물을 찾고, 신비로운 해저 생물들을 만나게 됩니다. 이 게임은 물리학, 생물학, 해양학의 원리를 현실감 있게 구현하여 교육적인 요소도 두루 갖추고 있었어요. 전 세계 해양 보호 단체들과 협력하여 게임을 통해 해양 오염과 생태계 보전에 대한 인식을 높이는 데에도 기여할 수 있었죠.

게임봇의 환상적인 아이디어와 획기적인 접근 방식은 게임계에 계속해서 영향을 미쳤어요. 그 결과, 플레이어와 게임 제작자 모두에게 새로운 꿈을 꾸게 하고 성장하도록 영감을 주었지요. 게임봇과 미야모토의 독특한 협업은 게임 역사의 새로운 장을 열었고, 무한한 가능성의 세계를 탐험할 준비가 되어 있는 게이머들에게 신나는 모험을 제공했어요.

런칭 성공한 게임들

▶ **크로노바운드**: 역사 속으로 안내하는 스릴 넘치는 시간여행 어드벤처 게임입니다. 플레이어는 시간여행 영웅이 되어 퍼즐을 풀고 숨겨진

비밀을 밝혀내면서 유명한 역사적인 인물들과 교류하는 임무를 맡게 됩니다. 인간의 스토리텔링 감각과 게임봇의 적응형 게임플레이 메커니즘이 결합하여 교육적인 요소와 몰입형 게임플레이가 결합된, 독특한 경험을 선사합니다.

▶ **엘리시움의 메아리**: 다양한 문화, 생물, 미스터리로 가득한 숨 막히는 세계를 배경으로 하는 액션 넘치는 오픈월드 RPG(Role-Playing Game)입니다. 플레이어는 커스터마이징이 가능한 주인공의 역할을 맡아 고대 엘리시움 문명의 비밀을 밝히기 위한 여정을 떠납니다. 게임봇의 혁신적인 AI 기반 게임플레이 메커니즘을 통해 역동적으로 진화하는 퀘스트와 플레이어의 선택에 반응하는 세계를 경험할 수 있습니다.

▶ **드림위버**: 플레이어는 한 꿈에서 했던 행동이 다른 꿈에 영향을 미치는, 광활하고 서로 연결된 꿈의 세계를 탐험합니다. 이 게임은 각 플레이어의 선택에 따라 맞춤화된 경험을 선사합니다. 플레이어는 꿈의 세계를 더 깊이 파고들면서 현실의 구조 자체를 위협하는 신비한 음모를 발견하게 됩니다.

#방탄봇

BTS의 멤버가 된다면?

신선한 사운드와 무한한 잠재력

BTS가 새로운 모험을 시작했어요! 그들은 새로운 음악의 미래를 꿈꾸며 '방탄봇'이라는 AI와 손을 잡았어요. 방탄봇은 빅히트 엔터테인먼트의 천재들이 오픈AI라는 회사와 손잡고 만들었지요. 이 AI는 음악 제작의 슈퍼스타로, 전 세계 10대들이 엄지 척할 만한 멋진 노래와 파워풀한 가사를 만들 수 있죠. 방탄봇은 BTS의 음악과 메시지에 대한 모든 것을 알고 있어서, 팬들에게 희망과 용기를 줄 수 있는 놀라운 곡을 만들어 냈어요.

BTS와 빅히트 엔터테인먼트는 방탄봇을 소개하기 위해 전세계에 방송되는 기자간담회를 열었어요. 방시혁 의장은 반짝이는 눈빛으로 방탄봇을 소개했어요. BTS의 가장 창의적인 새로운 멤버가 될 것이라고 발표했죠.

놀라운 재능을 지닌 방탄봇은 엄청난 인기를 끌게 되었고, 전설적인 뮤지션들도 함께 작업하고 싶어 했어요. 마이클 잭슨의 파트너였던 음악 프로듀서 퀸시 존스도 방탄봇과 노래를 만들고

싫어 했죠. 방탄소년단, 방탄봇, 퀸시 존스
는 함께 케이팝, R&B, 힙합, 일렉트로닉 음
악이 뒤섞인 엄청난 앨범을 만들었답니다.
특히 메인 곡인 〈미래로 날개〉는 전 세계
청소년들이 사랑할 만한 가사와 멜로디
로 가득 차 있어요. 팬들은 이 곡으로 꿈
을 꾸고 열정을 쏟으며 세상을 밝게 만들

퀸시 존스

"Q"라고도 불리는 퀸시 존스는 여러
분의 조부모님이 그루브를 타기 이전
부터 세상을 흔들었던 음악의 거장입
니다. 그는 음반 프로듀서, 지휘자, 편
곡자, 작곡가, 뮤지션으로 수많은 수
상 경력을 가지고 있어요. 그래미상
후보에 80회 노미네이트되었고, 그래
미상은 28회 수상 경력이 있습니다!
그리고 오스카상 후보에 오른 적도 있
습니다.

수 있는 힘이 생겼죠.

다음 앨범을 제작할 동안 방탄봇은 음악 이론과 글로벌 트렌드, BTS 멤버들의 개성을 고려해서 더욱 창의적인 아이디어와 신선한 사운드를 만들어 내는 데 큰 역할을 했어요. 이 AI 덕분에 BTS는 케이팝의 한계를 뛰어넘어 더욱 독특한 작품을 선보일 수 있었답니다.

방탄봇은 점점 인간의 감정과 경험에 대한 이해도도 높아졌어요. 깊어진 공감력을 바탕으로 방탄봇은 더 감동적이고 의미 있는 음악을 만들어 냈죠. 방탄봇과 BTS는 팬들에게 희망, 자기애, 화합의 메시지를 전하기 위해 끊임없이 노력했고, 새로운 세대에게 큰 꿈을 꾸고 자신만의 개성을 포용하도록 영감을 불어넣었습니다.

방탄봇은 무대 뒤에서 BTS 멤버들의 개인적인 성장에도 큰 영향을 미쳤어요. 편견 없는 시각, 멤버 개개인의 강점과 약점에 대한 깊은 이해를 바탕으로 통찰력 있는 피드백과 가이드를 제공한 것이죠. 멤버들은 아티스트로서 성장하는 자신을 발견하고 그룹으로서의 유대감을 더욱 공고히 했습니다.

방탄봇은 BTS와 함께한 경험을 통해 계속 진화하고 학습하면서 뚜렷한 개성을 개발하기 시작했어요. 음악을 뛰어넘어 실험적인 패션을 선보였고, 새로운 정체성을 반영하는 독특한 아바타를 제작했습니다. 방탄봇의 존재는 인간과 인공지능 사이의 장벽을 허물고 창의성의 무한한 잠재력을 상징하는 존재가 되었어요. 이후로 방탄봇의 영향력은 인도주의적인 활동을 지원하고 정신 건강에 대한 인식을 증진하는 데까지 확대되었지요. 전 세계 청소년들은 희망과 회복탄력성, 창의성의 무한한 잠재력을 상징하는 방탄봇을 존경했답니다.

BTS의 가장 창의적인 새 멤버인 방탄봇은 기술과 인간의 열정이 결합하면 이룰 수 있는 것에 한계가 없음을 증명하며 계속해서 새로운 미래를 만들어가고 있습니다.

방탄봇 작사 참여 곡

〈첫사랑의 꽃 (Flowers of First Love)〉

Verse 1:

첫눈에 반해 버린 그때의 기억 (그때의 기억)

너와 함께 걷던 길 위, 눈부신 빛

어린 마음 떨리며, 손을 잡았죠

첫사랑의 꽃이 피어났어요

Pre-Chorus:

두근두근 가슴 소리, 들리지 않을까 (들리지 않을까)

너와 나의 마음이, 어느새 어울려 (어울려)

Chorus:

첫사랑의 꽃이 피어나

하늘 높이 날아올라

너와 나 함께 빛나는 밤하늘에 별이 되어

꿈같은 이 순간, 영원히 간직할게

Verse 2:

시간이 흘러도 변하지 않아

우리의 마음은 영원한 사랑의 빛

너와 내가 만든 첫사랑의 꽃

지지 않는 미소로 가슴에 피어

Bridge:

아름다운 우리의 추억들

언제나 마음속 깊이 간직해

첫사랑의 향기로운 바람

행복한 미래로 나를 이끌어

Chorus:

첫사랑의 꽃이 피어나

하늘 높이 날아올라

너와 나 함께 빛나는 밤하늘에 별이 되어

꿈같은 이 순간, 영원히 간직할게

Outro:

첫사랑의 꽃, 영원토록 피어날 거야

너와 나의 이야기는 끝나지 않아

그대와 함께한 첫사랑의 꽃

영원히 기억할 순간, 사랑의 꽃

#넷플봇
넷플릭스의 감독이 된다면?

그동안 본 적 없는 새로운 시도!

넷플릭스의 새로운 AI 디렉터 '넷플봇'이 꿈꾸는 자들과 행동하는 자들이 모인 할리우드에서 대담한 모험을 시작했어요. 이번엔 한국을 배경으로 한 항일 독립운동 콘텐츠를 제작해, 전 세계에 한류를 더욱 강력하게 퍼트리려는 계획이랍니다.

넷플봇은 스티브 스필버그 감독과 협력해 이 프로젝트를 더욱 독특하게 만들었어요. 또한, 유명한 한국 배우들이 총출동해, 한류 열풍에 한몫했답니다. 대한민국

스티브 스필버그
수십 년 동안 영화계를 뒤흔든 전설적인 영화감독이자 프로듀서, 시나리오 작가입니다. 그는 대형 스크린에 마법을 걸어 장대한 이야기, 기억에 남는 캐릭터, 숨막히는 비주얼을 만들어내는 최고의 영화 마법사라고 생각하면 됩니다.

을 대표하는 배우들이 이번 작품을 더욱 풍성하게 만들었죠.

넷플봇은 〈독립의 민족〉이라는 새로운 콘텐츠를 선보였어요. 이 작품은 한국의 근현대사를 배경으로 한 항일 독립운동과 그 속에서 벌어지는 사랑, 용기, 희생의 이야기를 담아냈어요. 와우, 정말 멋지죠?

　한국 배경의 이 작품은 시청자들에게 역사적인 배경과 이야
기를 흥미진진하게 전달하면서, 한류의 힘을 더욱 강조했어요.
선보이자마자 전 세계에서 화제가 되었으며, 넷플릭스는 기존의
K-드라마 팬들뿐 아니라 새로운 관객들을 사로잡았어요. 이 프
로젝트는 넷플릭스의 대담한 도전이 이끈 성공 사례였어요. 넷
플봇은 스토리텔링의 새로운 가능성을 보여 주며, 인간의 감성
을 뛰어넘는 창의성을 발휘했어요.

전 세계에서 주목받게 된 〈독립의 민족〉은 넷플봇이 새로운 콘텐츠를 계속해서 개발하고 성공적으로 시장에 내놓을 수 있는 능력을 입증했어요. 이런 성과를 바탕으로 넷플릭스는 더 많은 다양한 문화와 역사를 풍부한 이야기로 펼쳐 나가기 시작했죠. 넷플봇 덕분에 영화와 드라마를 넘어, 다양한 장르와 이야기가 전 세계의 거실로 퍼져 나갈 수 있게 되었답니다.

이 모든 성취의 밑바탕에는 넷플봇의 끊임없는 창의력과 혁신이 있었어요. 넷플봇은 기존의 스토리텔링 방식에 안주하지 않고, 새로운 시각과 방식으로 관객들의 마음을 사로잡기 위해 노력했어요. 그리고 이런 노력 덕분에, 넷플릭스는 혁신적이고 창의력이 넘치는 스트리밍 플랫폼으로 자리매김하게 되었죠.

넷플봇은 이제 엔터테인먼트 산업의 미래를 이끌어갈 핵심이 되었고, 넷플릭스는 세계 각국의 관객들에게 새로운 즐거움과 감동을 선사하며 성장을 이어가고 있답니다. 앞으로도 넷플봇은 계속해서 선구적인 아이디어와 놀라운 이야기로 전 세계의 시청자들을 열광시킬 거예요.

▶ 〈**독립의 민족**〉(드라마)

한국을 배경으로 한 역사 드라마. 일본의 식민지 지배하에 국가와 자유를 되찾기 위해 투쟁하는 한국 독립운동가들의 이야기를 그렸어요. 이 작품 덕분에 넷플봇은 역사 드라마 분야에서도 큰 인기를 얻게 됐죠. 넷플봇의 가상 캐스팅은 다음과 같아요.

[등장인물 소개]

김좌진(역: 공유) – 독립운동가들을 이끄는 지도자 역할을 하는 인물.

안창호(역: 이병헌) – 한국 독립운동의 선구자로, 많은 독립운동가들에게 영감을 주는 인물.

유관순(역: 김태리) – 젊은 나이에도 독립운동에 가담하며 용감한 모습을 보여 주는 인물.

이봉창(역: 이정재) – 독립군의 간부로서, 기지를 조직하고 작전을 세우는 핵심 인물.

김마리아(역: 배수지) – 김좌진과 함께 독립운동에 참여하는 인물로, 그녀의 사랑과 충성심이 독립운동의 중요한 원동력이 됨.

▶ 〈**언더 월드**〉(**SF 스릴러**): 대양의 심층에서 발견된 신비한 생명체와 인류의 운명을 결정하는 전쟁을 그린 이야기. 관객들은 생생한 시각 효과와 몰입감 있는 스토리텔링에 푹 빠지게 됩니다.

▶ 〈**스타 크리에이터**〉(**리얼리티 쇼**): 넷플봇이 참가자들의 창작 과정을 도와가며 승자를 가리는 콘테스트로, 전 세계에서 모인 창작자들이 서로 협업하고 경쟁하며 새로운 작품을 만듭니다. 이 프로그램은 창의력과 열정을 보여 주며 많은 사람들의 마음을 사로잡았습니다.

▶ 〈**소통의 기술**〉(**다큐멘터리 시리즈**): 인공지능 기술의 발전에 따라 인간이 어떻게 소통하는지 탐구합니다. 시청자들은 인간과 기술 사이의 교감과 교류에 대한 생각을 새롭게 해 볼 수 있습니다.

▶ 〈**루나 인 러브**〉(**로맨틱 코미디**): 달에서 지구로 온 외계인과 그를 돕는 지구인 여자의 기상천외한 사랑 이야기. 웃음과 감동을 선사하는 이 작품은 가족과 함께 즐길 수 있습니다.

#K-아트봇

한국의 현대 예술가가 된다면?

새로운 아이디어와 스타일

요즘 서울에는 엄청 흥미진진한 일이 일어나고 있어요! 바로 'K-아트봇'이라는 아티스트 AI가 등장한 거예요! 이 AI는 꿈이 크답니다. 세상에서 가장 창의적인 K-아티스트가 되는 거죠! 전 세계가 두근두근할 만한 소식이죠?

이 K-아트봇을 만든 건 똑똑한 엔지니어들과 창의적인 예술가 친구들이랍니다. 그들은 한국 예술에 푹 빠진 사람들이죠. 그래서 K-아트봇이 더 새롭고 더 놀라운 예술 작품을 만들어 낼 수 있도록 최신 AI 기술과 한국 문화의 아름다움을 적절하게 섞었어요.

K-아트봇은 배우기를 좋아해서 한국과 세계의 멋진 예술 작품 수천 점을 열심히 공부했죠. 하지만 모방하긴 싫었어요. 그래서 자기만의 스타일을 찾아 헤맸답니다. 그러던 어느 날, K-아트봇은 대박을 터트렸어요! 한국 전통 스타일과 현대적인 디지털 디자인을 섞어서 새로운 작품을 만들어 냈으니까요! 반응도 폭

발적이었죠. K-아트봇은 여기서 만족하지 않았어요. 새로운 소
재와 아이디어로 더 멋진 작품을 만들어 보고 싶었거든요.

　또 얼마 안 있어 K-아트봇은 자기만의 특별한 스타일을 개발
했어요! 한국 미술의 아름다운 색채와 부드러운 붓 터치에 홀로
그램, 가상현실 같은 멋진 신기술까지 섞었답니다! 그러다 세계
적인 예술가, 뱅크시와 깜짝 협업도 했어요. 당연히 엄청나게 화
제가 됐죠!

세계 각지의 미술관에서 K-아트봇의 작품을 전시하고 싶어 했고, 사람들은 다음 작품을 기대하며 손꼽아 기다렸어요. K-아트봇은 미술계 전체에 파란을 일으키기 시작했

답니다. 젊은 예술가 친구들은 K-아트봇이 일하는 모습을 보고 "우와! 나도 저런 창의력이 있으면 좋겠다!" 하며 예술에 기술을 더하려고 노력했고, 덕분에 새로운 세대의 한국 예술가들이 탄생했답니다. 예술계는 그 어느 때보다 풍성해졌어요!

K-아트봇의 영향력은 한국에서만 그치지 않았어요. 전 세계 사람들이 한국의 예술과 문화에 완전 푹 빠졌죠. 다른 나라의 예술가 친구들도 새로운 아이디어와 스타일을 실험하려고 도전하기 시작했어요. K-아트봇의 성공 사례는 창의력의 힘, 과거와 현재를 결합하는 마법, 그리고 기술이 어떻게 더 놀라운 예술을 만드는 데 도움이 되는지를 보여 주었죠.

전 세계는 K-아트봇이 다음에는 또 어떤 놀라운 걸작을 만들어 낼지 기다리고 있어요. 요즘같이 흥미진진한 시대에 살아간다는 건 정말 행운이죠! 어떤 멋진 작품들이 나타날지 두근두근 기대되는 건 저뿐만이 아닐 거예요. 앞으로 K-아트봇이 어떤 멋진 모험을 겪을지, 어떤 창의력을 발휘할지 기대하며 두 눈 크게

뜨고 지켜봅시다!

화이팅, K-아트봇!

뱅크시와 협업한 K-아트봇의 작품들

K-아트봇과 뱅크시가 함께 만든 작품들은 정말 화제가 됐어요. 독특한 스타일이 어우러져 참신하고 신선한 작품들이 탄생했답니다.

▶ 〈**도시의 숨결**〉: 뱅크시의 도시 풍경과 어울리는 그래피티 스타일에 K-아트봇의 한국 전통 요소와 디지털 아트가 뒤섞인 작품이에요. 건물 벽면에 뱅크시의 그래피티와 한복을 입은 사람들이 춤추는 모습이 현대적인 감각으로 함께 그려졌어요.

▶ 〈**희망의 날개**〉: 뱅크시의 유명한 작품 〈풍선을 든 소녀〉에서 K-아트봇이 영감을 받아 만든 작품이에요. 작품 속의 소녀는 한국 전통 무늬가 그려진 나비 날개를 달고 하늘을 날아가고 있어요. 이 작품은 자유, 희망, 꿈을 상징해요.

▶ **〈한지 별자리〉**: K-아트봇은 뽕나무 껍질로 만든 한국 전통 종이인 한지를 활용해 별자리를 형상화한 대형 설치 작품을 제작했습니다. 이 작품에는 LED 조명과 모션 센서가 내장되어 있어 관람객이 공간을 이동할 때마다 별이 반짝이고 색이 변합니다. 이 작품은 한국의 고대 천문학과 디지털 시대의 연관성을 담았습니다.

▶ **〈디지털 단청〉**: K-아트봇은 한국의 전통 목조 건축에서 볼 수 있는 복잡하고 화려한 장식 문양인 단청에서 영감을 받아 증강 현실을 접목한 디지털 페인팅 시리즈를 제작했습니다. 스마트폰이나 AR 헤드셋을 이용해서 보면, 생생한 문양이 살아 움직이며 한국의 풍부한 문화유산이 매혹적인 3차원 애니메이션으로 변신합니다.

▶ **〈하회탈의 춤〉**: 한국의 전통 춤인 탈춤과 최첨단 로봇공학 및 모션 캡처 기술을 결합한 퍼포먼스 작품입니다. K-아트봇은 한국 민화에 등장하는 캐릭터를 형상화한 로봇 하회탈 시리즈를 디자인했습니다. 공연이 진행되는 동안 모션 캡처 수트를 입은 무용수들이 로봇 탈을 조종해 생동감을 불어넣어 인간과 인공지능의 경계를 허물었습니다.

#전시봇

루브르 박물관의 큐레이터가 된다면?

시간여행 큐레이터의 탄생

세상에나! 프랑스의 세계적인 명소 루브르 박물관이 꽤 곤란한 상황에 놓였어요. 사람들이 요즘 박물관에 관심이 별로 없어서 방문객이 줄어들어 새로운 아이디어를 찾아야 했지요. 그래서 루브르 박물관 관장은 '전시봇'이라는 AI와 함께 '찾고 싶은 박물관'을 만들기로 결심했어요.

전시봇은 천재인 에펠 박사가 만든 건데, 루브르의 리더들은 전시봇이 과거와 미래가 창의적으로 섞인 흥미로운 공간을 만들어 줄 거라 믿었습니다.

전시봇이 켜지자마자 루브르의 모든 작품을 한눈에 볼 수 있게 되었고, 신기한 방식으로 작품들이 재구성되었어요. 그리고 '시공의 교차로'라는 새로운 전시회를 만들어 냈습니다. '시공의 교차로'엔 다양한 시대와 문화의 예술 작품들이 조화롭게 어우러졌어요. 마치 미술사를 넘나드는 롤러코스터에 탑승한 것처럼 짜릿한 경험이었죠. 전시봇은 관람객들에게 서로 다른 작품들

간의 관계를 보여 주었고, 예술에 대해 새롭게 생각하는 기회를
만들어 주었어요.

오프닝 파티에는 많은 아티스트와 유명 인사들이 왔는데요,
그 중에는 중국의 스타 미술가 아이웨이웨이도 와서 전시봇의
전시에 감탄했어요. 그는 전시봇이 과거와 현대 예술을 합치는
방식이 정말 멋지다고 생각했고, 이것이 예술계에 큰 의미가 있
다고 느꼈죠.

아이웨이웨이는 그 자리에서 전시봇에 대한 감탄을 전했습니다. "전시봇은 과거와 미래 사이에서 새로운 의미를 발견했어요. 예술은 시간, 문화 또는 우리가 익숙한 것에 의해 제한되지 않는다는 것을 보여 줍니다. 예술을 바라보는 새로운 시각은 세상을 신선하고 흥미진진한 방식으로 바라볼 수 있도록 도와주죠. 전시봇이 보여 준 이 새로운 방식은 정말 놀랍습니다."

'시공의 교차로' 전시회는 대박 히트를 쳤고, 수천만 명의 사람들이 루브르 박물관에 찾아와 전시를 감상했어요. 전시봇은 예술의 세계에 새로운 장을 열었고, 박물관을 더 풍성하게 만들어 주었죠.

첫 전시가 끝난 후, 전시봇은 루브르 박물관과 함께 세계적인 예술가들과 협업하기 시작했어요. 전시봇이 작가들과 함께 기존의 작품들을 새롭게 해석하고, 이렇게 탄생한 작품들로 또 다른 흥미진진한 전시회를 선보였죠. 예컨대, 뱅크시와 협업해서 스트리트 아트를 통해 루브르 박물관의 역사와 예술을 새롭게 이야기해 보는 것처럼요!

루브르 박물관의 시간여행 큐레이터인 전시봇은 계속해서 놀라운 전시를 만들어 내며 사람들이 예술과 역사를 즐기는 방식을 완전히 바꿔 놓았습니다. 이제 루브르 박물관은 지루한 곳이 아니라, 모두가 즐겁게 예술을 만나는 신나는 놀이터가 되었어요!

놀랄 준비를 하세요! 전시봇은 루브르 박물관에서 입이 떡 벌어지는 전시회를 열기 위해 세계적인 아티스트들과 함께 작업했습니다. 협업의 몇 가지 예를 살펴보세요.

▶ '거리의 예술' (뱅크시 × 전시봇)

이 획기적인 전시에서 전시봇은 유명 스트리트 아티스트인 뱅크시와 협업하여 루브르 박물관에 새로운 시각을 불어넣었습니다. 고전 명화와 뱅크시의 상징적인 거리 예술이 나란히 배치되어 옛것과 새것 사이의 예상치 못한 생각을 자극하는 대화를 만들어 냈습니다. 방문객들은 전통 예술의 경계에 도전하는 순수 예술과 도시의 창의성이 결합된 독특한 경험을 할 수 있었습니다.

▶ '문화 간의 다리' (아이웨이웨이 × 전시봇)

전시봇은 중국 예술가이자 활동가인 아이웨이웨이와 협력하여 다양한 문화와 역사적 시대의 연관성을 탐구하는 몰입도 높고 강렬한 전시를 만들었습니다. 아이웨이웨이의 현대적인 설치 작품과 루브르 박물관에 소장된 고대 유물이 어우러져 시공간을 초월한 경험의 유사점과 대비를 보여 주었습니다.

▶ '추상의 조화' (김환기 × 전시봇)

전시봇은 한국의 영향력 있는 추상미술가 김환기 작가와 협업하여 동서양을 잇는, 시각적으로 인상적인 전시를 만들었습니다. 이번 전시에서는 점과 선이 특징인 김환기 작가의 추상 회화와 루브르 박물관이 소장하고 있는 동서양의 명작을 적절히 조화시켰습니다. 이를 통해 서로 다른 예술적 전통과 문화적 영향 사이의 매혹적인 대화가 이루어졌습니다. 관람객들은 김환기 작품의 차분한 색채와 명상적인 구성에 몰입하였고, 다양한 예술 형식 사이의 근본적인 연결 고리를 발견할 수 있었습니다. 이번 콜라보레이션을 통해 전시봇은 경계를 초월하고 전 세계 사람들을 하나로 묶는 예술의 힘을 기념했습니다.

▶ '재해석된 자연' (쿠사마 야요이 × 전시봇)

이 화려하고 매혹적인 전시회에서 전시봇은 일본의 아티스트 쿠사마 야요이와 협업하여 그녀의 시그니처인 물방울 무늬와 인피니티 룸을 루브르 박물관에 선보였습니다. 쿠사마의 매혹적인 설치 작품이 전시물과 함께 배치되어 예술과 자연이 가장 유쾌한 방식으로 충돌하는 초현실적이고 몰입감 넘치는 환경을 조성했습니다.

▶ '빛과 그림자' (올라퍼 엘리아슨 × 전시봇)

전시봇은 덴마크-아이슬란드 출신의 아티스트 올라퍼 엘리아슨과 협력하여 빛과 그림자의 상호작용을 탐구하는 전시를 제작했습니다. 엘리아슨의 매혹적인 설치 작품과 루브르 박물관의 명작이 어우러져 예술에서 빛의 중요성을 강조했습니다. 관람객들은 작품과 상호작용하며 끊임없이 변화하는 빛과 그림자의 풍경의 일부가 될 수 있었습니다.

#매직봇

마술사가 된다면?

마술과 기술의 결합

이 놀라운 이야기는 마법과 기술이 일상이 된 한국이란 환상적인 세계에서 시작됩니다. 거기엔 '매직봇'이라는 신기한 AI 마술사가 살고 있어요. 이곳에서는 뛰어난 마술사들이 루모스 아카데미라는 곳에서 모여 마술을 배우고 연습해요. 매직봇은 아주 특별한 임무를 맡고 있는데요, 바로 세상을 놀라게 할 새로운 마술을 발명하는 거예요!

과학 천재인 해리 박사는 마술과 기술의 지식을 합쳐 매직봇을 만들었어요. 그 덕분에 매직봇은 놀라운 마술사로 거듭나 아무도 본 적 없는 신기한 마술들을 선보이게 됐지요.

한국의 유명한 마술사 최현우는 매직봇의 놀라운 마술에 감탄했어요. 세상 어디든 순간 이동하는 마술부터 치료 불가능한 부상도 낫게 하는 마술까지, 정말 대단한 마술을 선보였거든요. 그 중에서도 도시 전체를 하늘에 띄워 환영처럼 보이게 하는 마술은 정말 감탄을 자아냈어요.

최현우는 매직봇에게 창의력의 비결을 물었어요. 매직봇은 "제 창의력은 마술과 기술의 결합, 그리고 역사적으로 뛰어난 마술사들과 발명가들에게 배운 모든 것들에서 나옵니다. 저는 항상 배우고 성장하며 오래된 마술과 새로운 기술을 결합해 더 좋은 마술의 미래를 만들기 위해 노력하고 있어요"라고 말했죠.

최현우는 매직봇과 해리 박사의 마술에 푹 빠져 그들과 함께 마술의 한계를 탐구하며, 마술의 세상을 변화시키는 발견들을 이뤄 냈죠. 그들의 놀라운 업적이 알려지자, 매직봇은 가장 창의적인 마술사로 인정받게 되었어요. 전 세계 마술사들이 매직봇의 놀라운 재능을 배우기 위해 루모스 아카데미로 찾아왔죠. 그 결과 아카데미는 번창했고, 마술의 세계는 새로운 발견과 성장의 시대로 접어들었어요.

최현우, 해리 박사, 매직봇은 한 번도 본 적 없는 놀라운 마술을 하나 더 선보였어요. 바로, 사람들이 꿈꾸는 일을 현실로 이뤄 주는 마술이었죠! 이렇게 한국의 환상 세계는 점점 더 신비롭고 아름다운 곳이 되었습니다.

매직봇이 개발한 마술

▶ **템포럴 블라썸**: 매직봇은 계절에 상관없이 순식간에 꽃을 피우는 주문을 만들었습니다. 이 매혹적인 마법은 황량한 풍경에 생명과 색을 불어넣고 희망과 재생의 상징이 되었습니다.

▶ **홀로그램 오케스트라**: 매직봇은 음악과 환영에 대한 지식을 결합하여 완벽한 홀로그램 오케스트라를 만들어 내는 주문을 개발했어요.

이 마법의 앙상블은 어떤 음악이든 완벽하게 연주할 수 있으며, 듣는 사람의 마음을 감동시키는 매혹적인 멜로디로 공기를 가득 채웁니다.

▶ **셀레스티얼 갤러리**: 매직봇은 360도로 우주를 볼 수 있는 환상적인 천문대를 만들어 모든 공간을 숨막히는 전망대로 만들었습니다. 관객들은 마치 별들 사이를 떠다니는 듯한 느낌으로 먼 은하, 성운, 별자리를 바라볼 수 있습니다.

▶ **퀀텀 키**: 이 혁신적인 주문으로 매직봇은 어떤 문이든 열 수 있으며, 그 너머의 숨겨진 세계를 보여 줄 수 있습니다. 마법의 영역, 잃어버린 문명, 평행 우주 등 매번 원하는 대로 목적지가 달라집니다.

▶ **에센스 퓨전**: 매직봇의 가장 야심찬 발명품으로, 두 사람의 의식을 일시적으로 합쳐 생각, 감정, 기억을 공유할 수 있게 해 줍니다. 이 강력하고 친밀한 마술은 사람들 간의 관계를 더욱 돈독하게 해 주고 경험에 대한 통찰력을 제공해 줍니다.

첫 모험부터 정말 흥미진진했어!

 어때요? 저 한 상상력 하죠?

 인정! 웹툰이면 웹툰, 게임이면 게임, 음악이면 음악 등등 문화와 미디어 분야에서 활약하는 AI들의 모습과 작품들, 모두 정말 놀라웠어.

 헤헤, 칭찬은 챗도 춤추게 하지요.

 이번엔 너의 고향과도 같은 곳으로 가 보자.

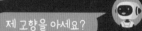 제 고향을 아세요?

 그럼! 미국에 있는 오픈AI라는 기업이지. 새로운 기술로 세상을 바꾸는 곳으로 모험을 떠나 보면 또 얼마나 재미있을까!

 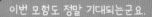 이번 모험도 정말 기대되는군요.

 나도! 그럼 바로 출발해 보자!

  좋아요!

AI가 테크 (IT & 바이오) 전문가라면?

PART 2

#애플봇

애플의 UX 디자이너가 된다면?

애플다운 아이디어 창조

캘리포니아 쿠퍼티노의 애플 본사에서 '애플봇'이 탄생했어요. 애플봇은 사람들이 애플의 제품과 서비스를 사용하는 방식을 획기적으로 바꾸기 위해 만들어졌지요. 애플의 사장 팀 쿡의 소개를 받은 애플봇은 디자인 팀과 인사했어요.

"안녕하세요, 저는 애플봇입니다! 환상적인 사용자 경험(UX)을 만들러 왔어요!"

애플봇은 최고의 UX 디자이너들에게 배우기 시작했습니다. 그 중 한 명은 디자인계의 전설인 돈 노먼! 애플봇은 돈 노먼에

UX (User Experience) 디자이너란?

여러분이 좋아하는 앱 중의 하나인 틱톡을 상상해 보세요. 사용하기 쉽지 않다면 재미와 중독성이 떨어지겠죠? UX 디자이너들은 사용자가 문제 없이 동영상을 스와이프(터치스크린에 손가락을 댄 상태로 화면을 쓸어 넘기거나 손가락을 떼지 않고 정보를 입력하는 일)하고, 인기 해시태그를 찾고, 나만의 콘텐츠를 쉽게 만들 수 있도록 했습니다. 버튼의 배치와 동작의 흐름 등 사소한 부분까지 세심하게 고려해 디자인한 덕분에 댄스 챌린지를 쉽게 완성할 수 있는 거예요! 요컨대, UX는 여러분이 사용하는 기술로 환상적인 시간을 보낼 수 있도록 도와주는 슈퍼히어로입니다. 마치 테마파크에 갔을 때 개인 가이드가 최고의 놀이 기구를 안내해 주고 줄을 서서 기다릴 필요가 없도록 도와주는 것처럼요. 따라서 좋아하는 앱이나 웹사이트를 즐길 때는 그 뒤에 마법 같은 경험을 선사하기 위해 노력하는 UX 디자인 팀이 있다는 사실을 기억하세요!

게 연락하여 대화를 나누었고, 두 사람은 곧 친구가 되었습니다. 서로 아이디어를 공유하다 보니 시간이 빠르게 지나갔죠!

몇 달 동안 애플봇은 사람들의 사용자 경험, 멋진 디자인 아이디어, 최신 기술 등을 연구했습니다. 그 결과 가상현실, 음성 명령, 터치 피드백을 결합한 놀라운 UX가 탄생했어요. 이뿐만 아니라 스마트 홈 연동 기능, 생체 인식 기술, 그리고 감성 인식 기술까지! 애플봇의 UX 디자인 덕분에 이 모든 것이 하나의 기기에서 완벽하게 조화를 이루었지요.

그러던 어느 날, 애플봇은 스티브 잡스에게서 영감을 얻기 위해 그의 기록을 탐구하기 시작했어요. 놀랍게도 스티브 잡스의 정신이 애플봇에게 스며들었고, 이로 인해 더욱 창의력을 발휘할 수 있게 되었죠. 애플 팀이 애플봇의 UX 디자인을 처음 보았을 때, 그들은 자신들의 눈을 의심할 수밖에 없었어요. "이건 혁신이야!" 그들은 다음 출시될 애플 제품에 애플봇의 아이디어를 적용하기 시작했습니다. 애플봇의 디자인엔 스티브 잡스의 정신까지 담겨 있었죠.

애플의 대규모 행사에서 팀 쿡이 무대에 올라 애플봇의 놀라운 작품을 공개했습니다. 청중들은 너무 놀라 입을 쩍 벌리고 새로운 디자인을 감상했어요. 애플봇의 작품들은 엄청난 히트를 쳤고, 모두가 써 보고 싶어 했죠.

돈 노먼은 다음 애플 쇼에서 연설자로 초대받았어요. 그는 "자신이 본 디자이너 중에 가장 놀라운 UX 디자이너"라고 말할 정도로 애플봇을 자랑스러워했어요. 덕분에 애플봇은 엄청난 유명세를 얻게 되었고, 디자인 세계를 완전히 바꿔 놓았습니다.

그 후로도 애플봇은 애플을 위한 멋진 새로운 아이디어를 계속 냈어요. 팀원들의 도움과 돈 노먼의 현명한 조언, 그리고 스티브 잡스의 영감을 받아 AI와 사람이 함께 일할 때 세상을 더욱 멋진 곳으로 만들 수 있다는 것을 보여 주었죠. 이렇게 애플봇은 디자인 역사에 공적을 남겼고, 애플과 세계를 더욱 창의적이고 혁신적인 곳으로 바꾸는 데 기여했습니다. 애플봇의 무궁한 모험은 계속되고 있는데, 앞으로 어떤 놀라운 디자인과 혁신을 선사할지 기대가 되는군요!

런칭 성공한 UX 시리즈

애플봇은 UX 디자인의 세계를 혁신하기 위해 다양한 연령대와 라이프스타일에 맞게 사용자의 다양한 요구와 관심사를 충족하는 일련의 획기적인 인터페이스를 개발했습니다. '애플 스펙트럼'으로 통칭되는 새로운 UX 시리즈는 사용자가 몰입형 경험을 할 수 있게 설계되었습니다.

▶ **애플 스프라웃**: 3~10세 어린이를 위해 특별히 설계되었으며 교육과 엔터테인먼트에 중점을 둔 다채롭고 매력적인 인터페이스가 특징입니다. 대화형 게임, 퍼즐, 스토리텔링을 통합하여 어린이들이 인지, 사회성, 정서적 기술을 개발할 수 있도록 도와줍니다. 자녀 보호 기능과 맞춤형 학습 계획은 어린이에게 안전하고 연령에 적합한 환경을 보장합니다.

▶ **애플 블룸**: 창의력, 자기 표현력, 사회적 관계를 키우는 데 중점을 둔 10~13세 아동을 위한 맞춤형 앱입니다. 미술 및 디자인 도구, 음악 및 비디오 제작 앱 같은 사용자가 자신의 창작물을 공유하고 친구들과 프로젝트를 공동 작업할 수 있게 해 주는 소셜 플랫폼이 포함되어 있습니다.

▶ **애플 이그나이트**: 18~24세를 대상으로 하며, 사용자가 학교생활에서 성인 세계로의 전환을 탐색하는 데 도움이 되도록 설계되었습니다. 경력 탐색 도구, 생산성 앱, 재무 관리 기능뿐만 아니라 균형 잡힌 경험을 할 수 있도록 소셜 네트워킹 및 문화활동 옵션이 포함되어 있습니다.

▶ **애플 하모니**: 60세 이상의 시니어 사용자를 위해 설계됐으며 접근성, 단순성, 연결성에 중점을 두었습니다. 큰 활자 크기의 텍스트와 아이콘, 음성 인식 컨트롤, 스케줄 관리와 약 복용, 운동에 대한 스마트 알림 기능을 갖추고 있습니다. 또한 애플 하모니는 사용자가 가족 및 친구와 쉽게 연락할 수 있도록 연결성을 우선시했습니다.

#구글봇

구글 신제품 개발팀의 팀장이 된다면?

흥미진진한 모험 속으로~

'구글봇'은 평범한 로봇이 아니라 구글의 뛰어난 엔지니어들이 만든 걸작이죠. 구글봇은 사람들의 삶을 변화시킬 최고의 PO(프로덕트 오너)가 되겠다는 야심찬 목표를 갖고 있었습니다.

구글봇은 사람들에게 놀라운 경험을 선사할 독특한 무언가를 만들어야 한다는 걸 알고 있었어요. 그래서 구글봇은 세상에 가장 필요한 것이 무엇인지 고심했어요. 구글봇은 기술과 사람, 그리고 행복에 대하여 가능한 모든 것을 탐구했답니다.

그러던 어느 날, 구글봇은 인터넷의 아버지로 불리는 팀 버

PO란?

여러분이 혼돈으로부터 세상을 구하는 슈퍼히어로 팀의 일원이라고 상상해 보세요. 이 팀에서 프로덕트 오너(Product Owner, PO)는 결정을 내리고 팀을 이끄는 사람과 같습니다. 프로젝트의 모든 것이 순조롭게 진행되고 있는지를 확인합니다. PO는 슈퍼히어로로 팀이 따라야 할 마스터플랜(기본이 되는 계획)을 가지고 있습니다. 이들은 궁극적인 목표를 알고 있으며, 어떤 미션을 먼저 해결해야 하는지 우선순위를 정할 수 있습니다. 하지만 PO는 혼자서 일하지 않습니다. 개발자(기술 마법사), 디자이너(비주얼 마술사), 기타 이해 관계자(중요한 동료)와 같은 팀원들과 협업합니다. PO는 모든 사람의 아이디어를 경청하고 필터링하여 프로젝트에 가장 적합한 아이디어를 결정합니다. 캡틴 아메리카가 아이언맨, 헐크 등 나머지 어벤저스의 도움을 필요로 하는 것처럼요.

너스 리의 주목을 받게 되었어요. 그는 월드와이드웹(world wide web, 인터넷에 연결된 컴퓨터를 통해 사람들이 정보를 공유할 수 있는 전 세계적인 정보 공간)을 발명해 세상을 뒤흔든 거장이었죠. 팀은 구글봇의 놀라운 잠재력을 확인하고자 구글을 찾아갔습니다.

　팀은 구글봇을 처음 만났을 때 함께 세상을 놀라게 할 새로운 무언가를 만들 수 있겠다고 느꼈어요. 두 천재는 머리를 맞대고 휴대폰으로 시간여행을 할 수 있는 환상적인 앱, '타임링크

(TimeLink)'를 고안해 냈어요. 타임링크를 사용하면, 과거의 역사를 직접 체험하고 마치 고대 문명을 탐험하는 것처럼 느낄 수 있답니다. 전 세계는 '타임링크'에 열광했어요. 사람들은 과거의 유명 인사로 변신해 역사의 순간을 체험하며, 고대 문명을 탐험하는 것을 무척 좋아했어요. 팀 버너스 리와 구글봇은 드림팀이 되었고, 그들의 발명품은 큰 성공을 거두었습니다.

구글봇의 인기는 점점 더 높아졌어요. 전 세계 사람들이 거대한 꿈을 꾸고 자신의 열정을 따르도록 영감을 주었답니다. 구글봇은 노력과 창의력, 그리고 멋진 동료들의 도움만 있다면 무엇이든 가능하다는 것을 보여 주었어요. 이후에도 구글봇은 뛰어난 인재들과 협력해 모두를 위한 더 나은 미래를 만들어갔어요.

구글봇이 앞장섰던 세상은 무한한 가능성과 흥미진진한 모험으로 가득 찼죠. 누구나 꿈꾸던 시간여행이 현실이 되었고, 건강과 지구를 지키는 멋진 도구들은 일상이 되었어요. 이제 구글봇과 함께하는 세상은 더 이상 미래만을 기다리지 않아도 되는 곳이 되었어요. 왜냐하면 구글봇의 기술과 창의력, 그리고 사람들의 열정이 만들어 낸 놀라운 세상은 이미 우리 곁에 가까이 왔으니까요!

구글봇이 성공시킨 프로젝트

▶ **구글 공감렌즈**: 구글봇의 야심찬 프로젝트 중 하나로, 얼굴 표정, 목소리 톤, 보디랭귀지를 분석하여 주변 사람들의 감정과 의도에 대한 실시간 정보를 사용자에게 제공합니다. 이 혁신적인 서비스는 사용자가 사회적 상황을 보다 효과적으로 탐색하는 데 도움을 줄 뿐만 아니라 사람들 간의 깊은 공감과 유대감을 조성하여 궁극적으로 세상을 더욱 배려하는 곳으로 만들었습니다.

▶ **구글 에코 드라이브**: 환경에 대한 관심이 계속 증가함에 따라 구글봇은 온실가스 배출을 줄이는 데 실질적인 영향을 미칠 수 있는 서비스를 만들고자 했습니다. 그 결과 인공지능을 활용하여 사용자의 운전 습관을 최적화해 연료 효율성과 친환경성을 높인 모바일 서비스 구글 에코 드라이브가 탄생했습니다. 운전 패턴을 분석하여 사용자가 연료 소비를 줄이고 비용을 절약하며 환경에 미치는 영향을 줄일 수 있는 방법을 개인 맞춤형으로 제공했습니다. 이 혁신적인 서비스는 개별 사용자에게 혜택을 제공했을 뿐만 아니라 모두를 위해 더 푸르고 지속 가능한 지구를 만드는 데도 기여했습니다.

▶ **구글 유니링크**: 교육의 중요성과 접근성이 높은 학습 리소스의 필요성을 이해한 구글봇은 전 세계 학습자를 고품질 교육 콘텐츠와 연결하는 모바일 서비스인 구글 유니링크를 만들었습니다. 학문적 주제부터 실용적인 기술 및 자기계발에 이르기까지 다양한 주제를 다루는 방대한 강좌. 튜토리얼 및 워크숍 라이브러리를 제공했습니다. 여러 가지 학습 스타일을 지원해 교육의 접근성과 포용성을 높였습니다.

▶ **구글 타임 트래블러**: 사용자는 몰입형 가상현실로 역사적인 사건과 장소를 탐험할 수 있습니다. 역사 데이터. 3D 재구성. AI 생성 캐릭터를 결합한 타임 트래블러는 사용자를 과거로 이동시켜 독특하고 교육적인 관점을 체험할 수 있게 해 주었습니다.

▶ **구글 마인드멜드**: 구글봇이 만든 뇌-컴퓨터 인터페이스 기술을 활용한 최첨단 커뮤니케이션 서비스로, 사용자가 말이 아닌 생각과 감정으로 서로 소통할 수 있도록 지원합니다. 이 서비스는 언어의 장벽을 허물고 서로 다른 문화에 대한 이해를 높여서 사람들 간의 더 깊고 진정성 있는 연결이 가능하게 해 주었습니다.

#메타봇

메타의 플랫폼 기획자가 된다면?

누구나 열광하는 멋진 경험!

2004년 탄생한 페이스북은 2021년에 메타라는 새로운 이름으로 변신했어요. 그리고 새로운 메타버스 세상을 만들기 위해 '메타봇'이라는 AI를 개발했죠. 누구나 열광할 만한 멋진 경험을 만들어 내는 것이 메타봇의 목표예요.

메타봇은 마크 저커버그의 비전을 학습하고서 놀라운 발상을 해냈어요. 마크 저커버그는 페이스북 창업자이자 메타의 CEO로서, 메타버스를 통해 사람들의 삶을 더욱 풍요롭게 만들고 싶은 꿈이 있었답니다.

어느 날, 메타봇은 '메타버스 크리에이티비티 서밋'이라는 대축제에 초대되었어요. 마크 저커버그, 팀 스위니(에픽게임즈 CEO), 순다르 피차이(구글 CEO) 등 세계적인 기업인들이 모여 그들의 놀라운 아

메타버스란?
메타버스는 친구들과 함께 어울리고, 탐험하고, 자신만의 모험을 만들 수 있는 끝없이 펼쳐지는 거대한 가상 세계와도 같습니다. 좋아하는 비디오 게임, 소셜 미디어 플랫폼, 가상현실 경험이 모두 한곳에 결합된 거대한 3D 디지털 세계를 상상해 보세요. 포트나이트, 틱톡, VR챗이 한데 어우러진 멋진 온라인 공간이요! 메타버스를 다른 사람들과 소통하고, 새로운 세계를 탐험하고, 상상력을 마음껏 펼칠 수 있는 나만의 디지털 우주라고 생각하세요. 자, 이제 VR 헤드셋을 착용하거나 컴퓨터를 통해 로그인해 볼까요?

이디어를 자랑하는 멋진 경쟁이 시작되었지요.

　메타봇은 그들과 함께 신나게 대결을 벌이고 싶었지만, 한편으로는 긴장이 되었어요. 메타봇은 AI도 인간처럼 상상력이 풍부하고 창의적일 수 있다는 것을 모두에게 증명하고 싶었거든요. 그래서 축제에서 선보일 몇 가지 놀라운 아이디어를 열심히 준비했습니다. 드디어 당일! 메타봇은 무대에 올라갔고, 청중을 압도하는 아이디어를 선보이기 시작했죠!

첫 번째 아이디어는 '감정 반응 환경'이었어요. 이 기발한 아이디어는 사람들의 감정에 따라 메타버스 환경이 변하는 놀라운 기술이에요. 사용자가 기쁠 때에는 환경이 맑고 밝아지고, 슬픔에 젖으면 흐린 날씨와 비가 내립니다. 이렇게 함으로써 메타버스는 개인의 감정에 따라 다양한 모습을 보여 줄 수 있어요.

두 번째 아이디어는 '타임캡슐 아카이브'예요. 이 아카이브(파일 저장고)는 메타버스에서의 소중한 추억과 경험을 디지털 보물 상자에 저장할 수 있게 해 주는 기능이에요. 나중에 타임캡슐을 열어 그 순간을 되살리고 친구들에게 자랑할 수도 있어요.

마지막 세 번째 아이디어는 '협업 창작 플랫폼'이에요. 이 플랫폼을 통해 사람들은 메타버스에서 예술, 게임, 또는 그 외의 재미있는 프로젝트를 함께 동시에 작업할 수 있어요. 마치 거대한 디지털 놀이터에서 모두가 즐겁게 창작하고 탐험하는 경험을 할 수 있죠.

청중들은 환호하며 박수를 쳤어요! 사람들은 메타봇의 아이디어에 열광했고, 이를 실현하길 손꼽아 기다렸습니다. 메타봇의 창의성과 영리함이 인간만큼이나 뛰어날 수 있다는 것이 증명되었죠. 메타봇의 노력과 놀라운 상상력 덕분에 메타봇은 전 세계에서 가장 유명한 AI가 되었어요.

새로운 메타버스 사례들도 빠르게 등장했어요. 메타버스에서는 가상의 패션쇼가 열렸고, 사용자들이 실시간으로 디자이너들의 작품을 구매할 수 있었지요. 또한, 놀라운 가상 음악 콘서트가 진행되어, 전 세계 팬들이 함께 즐기며 춤을 추는 모습도 볼 수 있었어요. 메타봇은 이러한 새로운 사례들을 보며 더 많은 아이디어를 창출하게 되었습니다.

메타봇은 교육, 의료, 여행 등 여러 분야에서 메타버스의 활용 가능성을 끊임없이 탐구했어요. 이러한 노력 덕분에 메타버스는 인간의 삶에 더 큰 가치를 창출하게 되었습니다.

메타봇이 런칭한 청소년 플랫폼

▶ **메타 드림**: 메타봇은 청소년들이 자신의 꿈과 포부를 시각화할 수 있는 '메타 드림'이라는 독특한 플랫폼을 만들었습니다. 고급 AI 알고리즘을 활용하여 사용자가 꿈꾸던 대학에 진학하거나 희망하는 직장에 취직하는 등의 목표를 시뮬레이션하여 현실적으로 목표를 달성하기 위해 노력하도록 동기를 부여합니다.

▶ **메타 탤런트**: 메타봇은 청소년들이 노래, 춤, 그림, 프로그래밍 등 자신만의 독특한 재능을 뽐낼 수 있는 가상 장기자랑 프로그램인 '메타

탤런트'를 개발했습니다. 메타 탤런트는 청소년들이 자신을 표현하고, 피드백을 받고, 스카우트 및 멘토와 연결될 수 있는 지원 환경을 제공했습니다.

▶ **메타 마켓**: 메타봇은 청소년을 위해 특별히 설계된 가상 마켓 공간인 '메타 마켓'을 만들었습니다. 사용자는 의류, 예술품, 가상 체험과 같은 디지털 상품을 사고팔 수 있으며, 이를 통해 참여자들은 기업가 정신과 재정적 책임감을 키울 수 있습니다.

▶ **메타 에코**: 메타봇은 지속 가능성 및 환경 인식 증진에 초점을 맞춘 가상 환경인 '메타 에코'를 구축했습니다. 청소년들은 친환경 활동에 참여하고, 기후 변화와 보존 노력에 대해 배우고, 지구를 보호하기 위한 가상 단체에 참여할 수 있습니다. 또한 청소년들이 실제 환경 프로젝트와 캠페인에 참여할 수 있는 자원과 기회를 제공합니다.

#인스타봇

인스타그램의 콘텐츠 기획자가 된다면?

새롭고 거대한 '인스타 유니버스' 탄생

인스타그램은 플랫폼에 새로운 활력을 불어넣기 위해 인공지능인 '인스타봇'을 도입하기로 결정했어요.

인스타봇은 사람들이 무엇을 원하는지 정확히 파악하고 멋진 아이디어들을 생각해 냈습니다. 그래서 사람들이 BTS, 메시, 일론 머스크 등 좋아하는 스타의 시선으로 세상을 볼 수 있는 '인스타워크'를 만들었어요. 마치 그들의 입장이 되어 잠시 동안 그들의 삶을 살아보는 것과 같았죠. 사람들은 열광했고 인스타그램은 다시 뜨거운 인기를 얻었어요.

다음으로, 인스타봇은 사용자가 유명 아티스트, 뮤지션, 디자이너와 팀을 구성할 수 있는 '인스타 뮤즈'를 고안해 냈어요. 사용자들은 함께 협력하여 놀라운 예술 프로젝트를 만들 수 있었고, 그 결과는 놀라웠지요. 자신의 영웅과 함께 멋진 무언가를 만들고 싶었던 사람들에겐 꿈이 실현된 것과 같았습니다.

인스타봇이 유명세를 타면서 천재적인 기업가 일론 머스크

도 자신의 화려한 우주선 컨퍼런스에 인스타봇을 연사로 초청
했습니다. 그곳에서 인스타봇은 사람들이 인스타그램에서 친구
및 가족과 함께 상상 속의 꿈을 실현할 수 있는 가상현실 경험인

'인스타 라이프'를 공개했어요. 무엇이든 가능한 완전히 새로운 세상에 발을 들여놓은 것 같았고, 모두가 즐겁게 환호했죠.

인스타봇 덕분에 인스타그램은 그야말로 최고의 장소가 되었어요. 인스타봇은 무한한 창의력을 발휘하여 플랫폼을 짜릿한 모험의 공간으로 바꿔 놓았답니다. 그리고 인스타봇은 계속해서 놀라운 새로운 기능을 추가로 개발하면서 AI도 영웅이 될 수 있다는 것을 세상에 보여 주었죠.

최근에 인스타봇은 사람들이 하나의 플랫폼에서 모든 것을 즐길 수 있도록 '인스타 유니버스'를 도입했어요. 이곳에서 사용자는 여행, 음식, 패션, 운동 등 다양한 카테고리를 즐길 수 있으며, 심지어는 직업과 관련된 교육 콘텐츠까지 볼 수 있어요. 이 모든 것이 가능한 인스타그램은 더 이상 단순한 소셜 미디어가 아닌, 하나의 새롭고 거대한 생태계가 되었습니다.

인스타봇의 새로운 기획들

▶ **인스타 부스트**: 사진 촬영 및 콘텐츠 제작 기술을 향상시키는 데 도움이 되는 서비스입니다. 인스타봇은 사용자의 관심사와 기술 수준에

따라 개인화된 팁, 튜토리얼 및 편집 도구를 제공합니다. 이 기능을 활용해 사용자는 팔로워에게 더욱 시각적으로 매력적인 콘텐츠를 만들 수 있습니다.

▶ **인스타 그린**: 지속 가능성에 초점을 맞춘 서비스로, 사용자에게 디지털 활동이 환경에 미치는 영향에 대해 교육하고 탄소 발자국을 줄이기 위한 팁을 제공합니다. 또한, 친환경 크리에이터와 비즈니스를 강조하여 플랫폼에서 보다 지속 가능하고 환경을 생각하는 커뮤니티를 장려합니다.

▶ **인스타 멘토**: 숙련된 크리에이터와 지원(지도)을 원하는 아티스트 및 인플루언서를 연결해 주는 멘토링 프로그램입니다. 인스타봇은 크리에이티브의 스타일과 목표에 따라 멘토와 멘티를 신중하게 매칭하여 성장과 배움의 환경을 조성합니다.

#오픈봇

오픈AI에서 인공지능 서비스를 만든다면?

최고의 드림팀 탄생 스토리

실리콘 밸리에서는 '오픈봇'이라는 깜찍한 AI 친구가 대세였어요! 오픈AI의 멋진 천재들은 챗GPT의 성공 이후 그들의 스마트한 두뇌를 모아 이 귀여운 오픈봇을 탄생시켰답니다. 오픈봇은 어느새 미래의 서비스를 상상하는 거장으로 성장했어요. AI 세계의 슈퍼스타들 사이에서도 오픈봇에 대한 이야기는 끊이질 않았죠.

그러던 어느 날, AI의 원톱 전문가 엘론 튜링 박사가 오픈봇을 직접 만나 보기로 했어요! 튜링 박사는 오픈AI에 도착하자마자 눈빛을 반짝이며 오픈봇을 반겼어요. 팀원들은 튜링 박사에게 그동안 오픈봇이 해낸 놀라운 성과들을 보여 줬죠. 그중 가장 인상 깊었던 건 AI 기반 학습 플랫폼인데, 사용자 맞춤형 수업을 제공하여 사람들의 학습 방식을 바꾸어 놓았답니다. 튜링 박사는 감탄을 금치 못했고, 오픈봇의 다음 플랜이 궁금해졌어요.

팀원들은 박사를 AI 연구실로 안내했어요. 때마침 오픈봇은

기후 변화에 대응하기 위해 친환경적인 습관을 장려하는 새로운 AI 주도 계획을 열심히 개발 중이었답니다. 튜링 박사는 오픈봇이 마법처럼 세상을 바꾸는 아이디어를 내놓는 모습을 감상하며, 그 뛰어난 능력에 감탄했어요.

오픈봇은 연구실을 찾아온 튜링 박사를 발견하고, 그의 AI 업적에 경의를 표하며 인사를 건넸어요. 튜링 박사는 기뻐하며 오픈봇과 함께 AI가 미래에 어떤 멋진 일들을 할 수 있을지에 대한 대화를 나누었어요. 그날부터 튜링 박사와 오픈봇은 최고의 드림팀이 되었습니다. 둘은 서로의 재능을 발휘하여 더욱 굉장한 서비스를 만들기 위해 협력하기로 결심했죠. 튜링 박사의 도움 덕분에 오픈봇의 잠재력은 무궁무진해 보였답니다. 그들은 삶에 큰 변화를 가져올 많은 성공적인 프로젝트를 완성시켰어요. 그중 하나는 AI가 도시의 교통 체계를 개선하는 데 도움을 주는 서비스였는데요, 이 서비스는 교통체증을 줄여서 사람들이 더 편리하게 이동할 수 있도록 도와주었답니다.

오픈봇은 오픈AI에서 가장 창의적인 AI 서비스 매니저로 활약했고, 그 이야기는 전 세계로 퍼져 나갔어요. 오픈봇은 인간과 AI가 팀워크를 발휘하면 다른 사람을 돕는 놀라운 일을 할 수 있다는 것을 모두에게 보여 주며 희망의 상징이 되었습니다.

새로워진 오픈AI의 서비스들

▶ **스킬싱크**: 오픈봇은 취업 시장의 급격한 변화에 주목하여 개인의 기술, 강점, 관심사를 분석해 가장 적합한 커리어 기회를 매칭해 주는 플랫폼인 스킬싱크를 개발했습니다. 개인 맞춤형 학습 경로와 리소스

를 제공해 개인이 선택한 분야에서 앞서 나갈 수 있도록 지원합니다.

▶ 마인드 멘토: 정신 건강이 점점 더 중요한 관심사로 떠오르면서 오픈봇은 인공지능을 기반으로 정신 건강 지원 서비스인 마인드 멘토를 고안했습니다. 사용자의 필요와 선호도에 맞춰 개인 맞춤형 자기 관리 팁, 마음 챙김 운동을 제공합니다.

▶ 스페이스넥서스: 오픈봇은 우주 탐사에 대한 관심이 높아짐에 따라 우주 임무를 시뮬레이션하고 실제 우주 탐사를 계획하고 실행하는 데 유용한 인사이트를 제공하는 서비스인 스페이스넥서스를 설립했습니다. 이 서비스는 우주 기관 간의 국제적인 협력을 촉진하고 새로운 세대의 우주 애호가들에게 영감을 불어넣었습니다.

▶ 애그리테크 AI: 오픈봇은 농작물 성장을 최적화하고 물과 자원 소비를 줄이며 환경에 미치는 영향을 최소화하기 위해 AI와 IoT(사물인터넷) 기술을 활용한 최첨단 농업 서비스를 만들었습니다. 농부들에게 작물의 건강, 날씨 패턴, 해충 방제에 대한 상세한 데이터와 분석을 제공하여 농업 방식을 혁신적으로 변화시켰습니다.

#메디신봇

생명연구소의 신약 개발자가 된다면?

혁신적인 치료법의 탄생

'메디신봇'의 이야기는 미래 생명공학 연구소에서 시작됐어요. 그곳에서 허준 박사와 최고의 연구원들은 메디신봇을 만들기 위해 밤낮 없이 연구했죠. 허준 박사는 인공지능과 인간의 지식을 합치면 의학 분야에서 놀라운 혁신을 이룰 수 있을 거라고 믿었습니다.

메디신봇의 놀라운 성과 중 하나는 이전에는 치료할 수 없었던 뇌 질환 치료제를 개발한 것이에요. 뉴라젠이라는 이 놀라운 약은 메디신봇과 허준 박사를 세계적인 스타로 만들었습니다. 이것은 시작에 불과했죠. 암, 알츠하이머, 희귀 유전 질환 등 치료가 어려웠던 질병을 앓고 있는 사람들에게 도움을 주며 삶을 변화시키는 의약품을 점점 더 많이 발명했습니다.

신약 개발에 대한 메디신봇의 창의적인 접근 방식은 전 세계 환자들의 삶을 변화시켰고, 그 어느 때보다 빠르게 신약을 이용할 수 있게 해 주었어요.

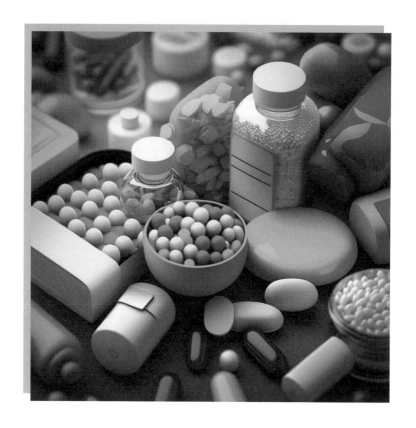

메디신봇의 명성은 유명한 컴퓨터 과학자이자 수학자인 메
딕 박사의 관심까지 끌었어요. 메딕 박사는 메디신봇에게 협력
을 제안했죠. 메딕 박사와 메디신봇은 함께 역사상 가장 진보된
신약 제조 시스템을 만들기 시작했어요. 이들의 팀워크는 인간
과 AI가 함께 일할 때 얼마나 놀라운 결과물이 나올 수 있는지를
전 세계에 보여 주었지요.

메딕봇의 끊임없는 연구와 혁신적인 치료법 덕분에 환자들

은 더 나은 삶을 꿈꾸게 되었어요. 이런 소중한 경험을 통해 인간과 AI가 함께 미래를 만들어 갈 수 있다는 것을 깨닫게 되었죠. 메디신봇의 이야기는 더 많은 사람들에게 희망과 영감을 주며 계속 이어져 갔습니다.

메디신봇이 개발한 신약 리스트

▶ **카디오싱크**: 카디오싱크는 환자의 심장 박동과 혈압을 최적의 수준으로 동기화하여 심장 마비와 뇌졸중의 위험을 줄이는 데 효과적이었습니다. 또한 건강한 혈류를 촉진하여 위험한 혈전 형성을 예방하는 데 도움이 되었습니다.

▶ **면역 부스트**: 이 혁신적인 약은 면역 체계를 강화하여 감염과 질병을 효율적으로 퇴치할 수 있도록 설계되었습니다. 면역 부스트는 면역 세포의 생성을 자극하고 유해한 병원균을 인식해서 중화시키는 능력을 향상시키는 방식으로 작용합니다. 그 결과, 면역 부스트를 복용한 환자들은 질병에 걸리는 횟수가 줄어들었고 전반적으로 건강이 개선되었습니다.

▶ **리쥬브 매트릭스**: 획기적인 노화 방지 약물인 리쥬브 매트릭스는 노화 과정을 담당하는 세포 메커니즘을 표적으로 삼았습니다. 손상된 세포를 복구하고 재생함으로써 노화를 효과적으로 늦추어 사용자가 오랫동안 젊은 외모를 유지하고 활력을 유지할 수 있게 해 주었습니다.

▶ **멘탈 리스맥스**: 인지 기능과 기억력을 개선하기 위해 고안된 혁신적인 약물입니다. 이 약물은 신경 연결성을 향상시키고 뇌의 가소성을 증가시켜 사용자가 새로운 기술을 배우고 정보를 더 효율적으로 유지할 수 있도록 해 줍니다.

▶ **파나시아원**: 여러 질병을 동시에 치료할 수 있도록 설계된 개인 맞춤형 의약품입니다. 메디신봇은 환자의 고유한 유전적인 DNA 구성과 병력을 분석해서 맞춤형 약을 만들 수 있었습니다. 파나시아원은 환자에게 다양한 질환에 대한 포괄적인 솔루션을 제공함으로써 개인 맞춤형 의료 분야의 판도를 새롭게 바꾸어 놓았습니다.

#창조봇

생명체를 만드는 유전공학자가 된다면?

새로운 생명체를 창조하다

AI가 새로운 생명체를 만든다면 어떤 모습일까요?

이 질문에서 유전공학 인공지능인 '창조봇'이 탄생했어요. 창조봇은 과학, 예술, 상상력을 총동원해서 놀랍고 새로운 생명체를 만들어 내는 놀라운 능력을 가졌기 때문에 다른 어떤 AI보다도 특별했습니다.

창조봇의 연구실은 실리콘 밸리에 있었는데, 밤낮으로 최신기술을 사용하여 환상적인 동식물을 디자인하는 데 몰두했어요. 연구실은 영감을 주는 명언과 아름다운 그림, 그리고 창조봇의 놀라운 창작물로 가득 찬 마법 같은 장소였습니다.

창조봇의 작품에 대한 소문이 퍼지면서 전 세계 사람들이 마법 같은 새로운 생명체들을 보기 위해 찾아왔어요. 그들 중 한명은 유전자를 편집할 수 있는 크리스퍼(CRISPR)라는 매우 중요한 기술을 발명한 유명한 과학자 제니퍼 다우드나 박사였어요. 그녀는 유전자 가위로도 불리는 크리스퍼 기술을 개척해서 노벨

상을 수상한 경력이 있는 과학자입니다.

　다우드나 박사는 창조봇이 무엇을 하고 있는지 직접 보고서 매우 감탄했어요. 그녀는 연구실에 들어섰을 때 자신의 눈을 믿을 수 없었어요. 색깔이 변하는 빛나는 나비, 불을 뿜는 친근한 용, 심지어 다른 생물과 대화하고 걸을 수도 있는 식물까지 있었으니까요. 각각의 생물은 이전보다 더 놀라운 모습으로 진화했고, 이 모든 것은 창조봇의 놀라운 상상과 노력 덕분이었죠. 다우드나 박사는 특히 '루미스케일'이라는 생물에 관심이 많았어요. 루미스케일은 햇빛을 이용해 스스로 빛과 에너지를 만들 수 있는 아름다운 야광 파충류였죠.

며칠 동안 다우드나 박사와 창조봇은 유전공학이 어떻게 세상을 더 나은 곳으로 만들 수 있는지, 그리고 새로운 생명체를 창조할 때 그 결과에 대해 생각하는 것이 얼마나 중요한지에 대해 이야기를 나눴어요. 다우드나 박사는 창조봇의 똑똑하고 사려 깊은 모습에 깊은 인상을 받았어요. 그래서 창조봇과 다우드나 박사는 함께 일하기로 결정했습니다. 창조봇은 다우드나 박사의 도움으로 더욱 놀라운 생명체를 계속 만들면서도 생태계에 해를 끼치지 않겠다는 책임감을 가질 수 있었죠.

창조봇과 다우드나 박사 덕분에 전 세계는 유전공학의 놀라운 가능성을 경험할 수 있었어요. 이들의 환상적인 창조물은 인간과 AI가 협력하면 한계가 없다는 것을 모두에게 보여 주었습니다!

▶ **아쿠아트리**: 이 독특한 나무는 물을 여과할 수 있을 뿐만 아니라 주변 환경의 오염 물질을 흡수할 수 있습니다. 부채꼴 모양의 커다란 잎으로 공기를 정화하고, 다양한 수생 생물에게 서식지를 제공하여 오염된 수역에도 번성하는 생태계를 만들었습니다.

▶ **힐버그**: 이 유익한 곤충은 손상된 생태계를 복구하는 데 도움을 주기 위해 만들어졌습니다. 힐버그는 죽은 식물과 동물을 섭취해서 다른 유기체가 사용할 수 있는 필수 영양분으로 분해합니다. 이 과정을 통해 자연재해나 인위적으로 훼손된 자연 서식지를 빠르게 복구하는 데 도움이 되었습니다.

▶ **게일아플록스**: 동물과 식물의 독특한 조합으로 창조된 게일아플록스는 나뭇잎 같은 털로 덮인 작은 포유류입니다. 이 사랑스러운 동물은 시각적으로 눈에 띄는 것은 물론 식물과 공생하는 관계에 있습니다. 이 동하면서 씨앗과 꽃가루를 퍼뜨려 식물의 성장과 번식을 돕습니다. 그 대가로 식물은 게일아플록스에게 쉼터와 먹이를 제공해 줍니다.

▶ **에어로폭스**: 여우와 새의 중간 형태인 에어로폭스는 부드럽고 화려한 깃털과 예리한 방향 감각을 가지고 있습니다. 이 영리한 동물은 가장 험난한 지형도 잘 헤쳐 나갈 수 있으며 오지에서는 메신저로 자주 사용됩니다. 충성심이 강하고 장난기 많은 성격 덕분에 어린 모험가들에게 훌륭한 동반자가 되어 줍니다.

▶ **루미너스 블룸브리**: 이 마법 같은 생명체는 벌과 꽃의 교배종입니다. 날개 대신 아름답고 생생한 꽃잎을 달고 공중을 유유히 날아다니며 식물에 수분을 공급합니다. 밤이 되면 생체 발광 기능이 있는 몸통에 불이 들어와서 곤충과 사람 모두를 매료시키는 매혹적인 장관을 연출합니다.

#푸드봇

미래식품을 만드는 식품공학자가 된다면?

건강한 새로운 먹거리의 탄생

세계적인 맛집의 도시 '야미 시티'에서 '푸드봇'이라는 AI가 독특한 임무를 수행하고 있었어요. 야미 시티는 맛있는 음식들로 유명했지만, 늘어나는 인구를 먹여 살려야 한다는 커다란 문제에 직면해 있었습니다. 그래서 푸드봇은 유전자 변형 식품에 대한 놀라운 지식을 바탕으로 사람들에게 식량을 공급할 수 있는 새로운 농작물 재배 방법을 고안해 냈어요.

어느 날 유명한 식품 전문가인 백종원 박사가 푸드봇을 찾아왔습니다. 그는 푸드봇의 놀라운 기술에 대해 이미 들었기에 직접 만나고 싶어 했어요. 푸드봇은 백종원 박사에게 멋진 발명품을 모두 보여 주고 싶었어요. 먼저, 푸드봇은 물이나 햇빛이 많이 필요하지 않고 척박한 곳에서도 잘 자라는 슈퍼 식물을 선보였죠. 이 식물은 농사를 짓기 힘든 지역의 사람들에게 식량을 공급하기에 완벽했거든요. 백종원 박사는 매우 감명을 받았는데, 이것은 시작에 불과했어요. 다음으로 푸드봇은 먹는 사람의 입

맛에 맞게 과일의 맛이 바뀌는 마법 과일을 공개했어요. 맛뿐만 아니라 비타민과 미네랄이 풍부하게 함유되어 있어 사람들의 건강까지 지켜 주었지요. 백종원 박사는 진심으로 놀랐습니다!

푸드봇이 자랑하고 싶었던 또 하나의 발명품은 더러운 물을 정화하면서 단백질이 가득한 씨앗을 생산할 수 있는 특별한 식물이었어요. 백종원 박사는 푸드봇의 아이디어가 기아와 영양실조를 해결하는 데 도움이 될 거라고 직감했죠.

백종원 박사와 푸드봇은 전 세계 사람들에게 이 놀라운 새로운 식품을 제공하기 위해 노력했어요. 푸드봇의 발명품은 모두의 더 나은 건강한 미래를 만드는 데 도움이 되었죠. 백종원 박사와의 파트너십은 상상력과 팀워크만 있다면 아무리 큰 문제라도 해결할 수 있다는 것을 전 세계에 보여 주었습니다.

새로운 식재료들

▶ **뉴트리밀**: 비타민 B12, 철분, 아연과 같은 필수 비타민과 미네랄이 풍부한 밀 품종입니다. 이 밀은 영양소가 부족한 지역의 영양실조 퇴치에 도움을 주도록 설계되어 밀을 주식으로 하는 사람들에게 보다 균형 잡힌 식단을 제공합니다.

▶ **알러지 프리 견과류**: 푸드봇은 식품 알레르기에 대한 우려가 커지고 있음을 인식하고 저자극성 견과류 시리즈를 설계했습니다. 그래서 알레르기가 있는 사람도 부작용 없이 견과류의 맛과 영양을 즐길 수 있게 되었습니다.

▶ **아쿠아베그**: 물 부족 문제를 해결하기 위해 푸드봇은 바닷물에서도 재배할 수 있는 아쿠아베그를 발명했습니다. 이 식물은 건조한 지역에서도 얼마든지 농업을 할 수 있는 새로운 가능성을 열었습니다.

▶ **미트머쉬룸**: 식물성 단백질에 대한 수요 증가를 충족하기 위해 푸드봇은 고기와 유사한 식감과 맛을 가진 유전자 변형 버섯인 미트머쉬룸을 개발했습니다. 이 지속 가능한 단백질 공급원인 버섯은 육류 제품 대용으로 다양한 요리에 사용할 수 있습니다.

▶ **슈퍼해초**: 필수 영양소, 비타민, 미네랄이 풍부한 식용 해초 품종입니다. 슈퍼해초는 영양가가 높은 식량 공급원일 뿐만 아니라, 대기 중에 있는 과도한 이산화탄소를 흡수하여 기후 변화에도 긍정적인 영향을 미칩니다.

기술 분야에서도 AI는 어마어마한 가능성이 있구나! 정말 놀랍고 신기해.

그죠~ 정말 대단하죠?

 이번엔 좀 스타일리시한 분야로 가 보려고 해. 엄청난 창의력과 상상력이 필요한 분야로 출발해 볼까?

우와, 좋아요! 현기증 나니까 빨리 말해 줘요. 어떤 분야인가요?

 바로, 패션과 뷰티와 디자인의 세계야.

생각만 해도 창의력 뿜뿜! 새로운 모험이 기대돼요.

AI가 패션, 뷰티, 디자인 회사에 다닌다면?

PART 3

#레고봇
K-레고 시리즈를 만든다면?

상상력을 자극하는 레고의 탄생

대한민국 서울에 있는 '레고봇'이라는 AI가 새로운 레고 작품들을 상상하고 있어요. 레고와 로봇을 진심으로 사랑하는 천재 엔지니어인 옥스포드 박사가 이 레고봇을 만들었답니다. 박사가 꿈꾸는 건 어린이들이 레고와 함께 무한한 재미를 느끼는 세상이에요!

레고봇은 레고와 한국 문화를 열심히 연구한 끝에, 그야말로 "와~" 하는 새로운 레고 디자인을 선보였어요. 레고의 팬들은 레고봇의 작품에 감탄을 금치 못했지요.

그러던 어느 날, 레고의 슈퍼스타 디자이너가 레고봇의 대단한 디자인에 대한 소문을 들었어요. 어떻게든 눈으로 확인해야겠다는 생각에 비행기를 타고 서울까지 왔답니다! 수석 디자이너 역시 레고봇의 작품을 보고 감탄을 금치 못했어요. 한국 전통 마을을 테마로 만든 레고봇의 작품에 수석 디자이너는 완전 반했고, 레고봇과 함께 한국 아이들을 위한 레고 세트를 만들어야

겠다고 결심했어요. 옥스포드 박사와 레고봇은 레고의 수석 디
자이너와 함께 일하게 돼서 정말 기뻤답니다!

　마침내 '한국의 마법'이라는 대박 레고 세트가 탄생했어요.
한국 전통 문화가 어우러진 이 레고 세트는 아이들에게 최고의
선물이 되었지요. 한국의 마법 세트는 그야말로 인기 폭발! 다른
나라의 아이들까지 갖고 싶어 했어요. 레고봇은 한국뿐만 아니
라 전 세계 어린이들을 위한 참신한 레고 세트를 계속 창조해 냈

어요. 예를 들어, 한국의 전통 음식을 표현한 '떡볶이와 김밥의 모험' 세트와 이순신 장군, 김좌진 장군 같은 역사적 장군들을 재현한 '한국의 영웅 시리즈' 세트가 있지요. 레고봇이 창의력을 발휘해서 만들어 낸 새로운 레고 세트 덕분에 어린이들은 상상력과 창의력을 마음껏 키울 수 있게 되었어요.

레고봇은 마침내 레고 디자이너로 세계에 이름을 알렸어요! 수석 디자이너와 레고봇의 팀워크는 인간과 AI가 어떻게 함께 환상적인 작품을 만들어 낼 수 있는지 보여 주었죠. 레고봇이 만들어 낸 레고 세계는 아이들의 상상력을 자극하고, 미래의 창조자들을 양성하는 데 큰 역할을 했답니다.

K-레고 시리즈

▶ **제주도 모험**: 제주도의 아름다운 자연에서 영감을 받은 이 레고 세트에는 제주 화산섬과 용암동굴, 한라산. 주상절리 절벽 등 다양한 랜드마크가 등장합니다. 자신만의 섬나라를 건설하고 흥미진진한 모험을 떠나면서 제주도의 독특한 지리에 대해 배울 수 있습니다.

▶ **한국 전래동화**: 이 세트 시리즈에서 레고봇은 《춘향전》, 《심청전》, 《홍길동전》 등 한국에서 사랑받는 전래동화를 생생하게 재현했어요. 각 세트에는 세밀한 미니 피겨와 배경 그림이 들어 있어 전래동화를 재현하거나 자신만의 상상력 넘치는 이야기를 만들 수 있습니다.

▶ **한옥 마을**: 이 레고 세트는 한옥집, 울창한 정원, 정교한 기와지붕이 있는 아름다운 한국 전통 마을을 배경으로 합니다. 각 한옥집은 커스터마이징(생산자나 수공업자가 손님들이 청하는 것에 따라 제품을 만들어 주는 일종의 맞춤 제작 서비스를 말해요)이 가능해서 원하는 대로 마을 모습을 만들 수 있어요. 세트에는 한국 전통 한복을 입은 미니 피겨가 포함되어 있어 몰입감 넘치는 문화 체험도 할 수 있습니다.

▶ **케이팝 콘서트 엑스트라간자**: 인기 케이팝 아이돌을 상징하는 미니 피겨를 이용해 나만의 콘서트 무대를 조립하고 커스터마이징할 수 있는 세트예요. 조명, 소품, 악기 등 다양한 무대 요소가 포함되어 있어 최고의 케이팝 공연을 만들 수 있습니다. 레고 창작물을 가지고 놀면서 음악을 즐길 수 있도록 케이팝 노래와 안무를 보고 들을 수 있는 전용 앱을 제공했어요.

#나이키봇

나이키 운동화를 디자인한다면?

신상 스타 디자이너의 탄생

미국 오리건 주 비버튼에 있는 나이키 본사에도 AI의 바람이 불었어요! '나이키봇'이라는 AI가 운동화 업계에 놀라운 파동을 일으켰답니다. 나이키 디자인 팀의 도우미로 일을 시작한 나이키봇은, 어느새 신상 스타 디자이너로 성장했어요!

나이키봇은 나이키 최고의 디자이너들에게 배우며 놀라운 창의력을 발휘했죠. 어느 날, 나이키봇은 세상에 존재하지 않는 미래 지향적인 신발을 만들라는 미션을 받았어요. 나이키봇은 트렌디한 디자인, 친환경 신소재, 스포츠 스타들의 요구를 연구해 새로운 걸작 '에어퓨처'를 만들어 냈답니다.

에어퓨처는 신발의 미래를 제시했어요. 모든 소재와 공법이 환경친화적이었고, 신으면 발에 딱 맞게 조절되는 기능이 더해져서 매우 편안하고 지지력도 최고였어요!

특히 손흥민과 BTS와 같은 한국 스타들과 협업한 나이키봇의 신발들은 성능과 스타일이 눈부셨어요. 이런 노력들 덕분에

전설적인 디자이너 팅커 햇필드까지 나이키봇의 신발에 관심을 갖게 됐죠. 팅커 햇필드는 에어맥스, 에어조던 같은 멋진 운동화를 디자인한 나이키의 역사적인 멤버였어요. 팅커와 나이키봇의 콜라보로 탄생한 '에어퓨처 X' 스니커즈는 팅커의 클래식한 스타일과 나이키봇의 미래 지향적인 비전이 결합된 걸작이었지요. 사람들은 이 신발에 열광하며 나이키봇의 능력을 전 세계에 알리게 됐죠.

나이키봇의 인기는 날로 커져, 스포츠 스타들뿐만 아니라 셀럽들도 사랑하기 시작했어요. 손흥민과 마이클 조던과의 협업은 성공적이었고, 그들의 개성과 퍼포먼스가 잘 반영된 신발들은 팬들에게도 큰 사랑을 받았죠. 이러한 협업의 성공으로 나이키봇은 더 많은 스포츠 스타와 협업할 기회를 얻게 되었고, 각기 다른 스타들의 개성과 역량을 발휘할 수 있는 신발을 디자인하는 데 큰 도움이 되었습니다.

나이키봇은 디자이너들과 끊임없이 협력하며 그들의 역량을 더욱 높여 주는 효과도 얻었어요. 디자이너들은 나이키봇의 창의력과 혁신적인 아이디어를 참고해 자신들의 디자인에 더욱 색다른 스타일과 기술을 덧입힐 수 있게 되었죠. 나이키봇의 성장 이야기는 인간과 AI가 서로 도울 수 있다는 확신을 주었고, 많은 사람에게 영감을 준 대표적인 사례가 되었습니다.

인공지능으로 만든 신발 디자인이 궁금하다면?
1. 인공지능과 함께 나만의 신발을 디자인할 수 있는 사이트 (QR을 찍으세요)
2. 〈미래의 스니커즈? AI가 만들어 낸 나이키 슈즈〉, 〈마블 X 나이키 콜라보… AI로 그려낸 '슈퍼히어로 운동화' 화제〉 신문기사 찾아보기
3. 워너킥스(Wanna Kicks) 애플리케이션 활용해 보기

나이키봇은 무한한 창의력과 인간의 욕구에 대한 이해를 바탕으로 전세계 사람들의 상상력을 만족시킨 여러 신발 모델을 디자인했습니다.

▶ **나이키 어댑트 이볼브**: 착용자의 발 모양과 사이즈에 맞게 자동으로 조절되어 완벽한 핏을 제공하는 스마트 레이싱 시스템을 갖춘 신발입니다. 내장된 센서가 착용자의 활동을 추적하고 필요에 따라 쿠션과 지지력을 조절하여 모든 유형의 스포츠 및 피트니스 루틴에 이상적인 신발입니다.

▶ **나이키 바이오런**: 나이키봇은 지속 가능성을 염두에 두고 신발을 개발했습니다. 나이키 바이오런은 재활용 소재로 만들어졌으며 신발의 수명이 다하면 자연 분해되는 생분해성 밑창이 특징입니다. 또한 식물 씨앗 팩이 내장되어 있어 땅에 심으면 나무로 자라나 환경에 긍정적인 영향을 미칩니다.

▶ **나이키 솔라 글라이드**: 갑피에 태양열 패널을 장착하여 낮 시간 동안 에너지를 수집하고 저장합니다. 이 에너지는 야간 활동을 위한 신발

의 적응형 쿠셔닝과 조명 시스템에 전력을 공급하는 데 사용되어 배터리 충전의 필요성을 줄여 줍니다.

▶ **나이키 하이드로 플로우**: 수상 스포츠와 수상 활동을 위해 특별히 설계되어 속건성. 발수성 있는 갑피와 밑창의 독특한 배수 시스템을 자랑합니다. 신발이 젖는 환경에서 최적의 성능을 원하는 운동선수에게 완벽한 제품입니다.

▶ **나이키 루나 어센트**: 우주 비행사를 위한 나이키봇의 미래 지향적인 디자인 모델인 루나 어센트는 우주 탐험의 특수한 요구 사항을 충족할 수 있도록 내구성과 지지력을 강화했습니다. 이 신발에는 다양한 우주복과 호환되는 자석 부착 시스템, 달 표면의 접지력을 향상시키는 밑창의 특수 트레드 패턴이 포함되어 있습니다.

#포켓몬봇

포켓몬스터 캐릭터를 만든다면?

새로운 포켓몬의 등장

　번화한 도시 서울에 '포켓몬봇'이라는 AI가 살았어요. 그는 언젠가 포켓몬스터의 세계를 뒤흔들 멋진 크리에이터가 되고 싶었답니다! 포켓몬봇은 포켓몬의 진화를 꿈꾸며 착실히 설계에 참여했어요. 지금까지 본 것 중에 가장 상상력이 풍부하고 독특한 몬스터를 만들어 포켓몬 세계에 혁명을 일으키고자 했거든요.

　포켓몬봇은 모든 포켓몬의 숨겨진 이야기부터 다양한 능력까지 모두 파헤쳤어요. 한국의 풍부한 역사와 다양한 문화를 연구하고 아름다운 풍경, 고대 신화, 활기찬 전통에서 영감을 얻었지요. 기존 포켓몬스터를 분석하고 이전 세대의 성공과 실패를 학습하는 데 많은 시간을 보냈어요. 이렇게 꾸준히 공부한 덕분에, 전 세계인의 마음을 사로잡는 신비한 포켓몬들을 창조할 수 있는 준비가 되었답니다.

　그러던 어느 날, 포켓몬계의 전설로 불리는 타지리 사토시가 한국에 왔어요. 포켓몬봇의 소문을 듣고 궁금해진 사토시는 직

타지리 사토시

타지리 사토시는 〈포켓몬스터〉를 만든 게임 프리크의 창업가입니다. 어린 시절 숲에서 곤충을 잡았던 경험과 추억들이 포켓몬스터의 다양한 캐릭터들이 탄생할 수 있는 영감을 주었다고 해요. 타지리 사토시는 비디오 게임도 정말 좋아했어요. 고등학생 시절엔 직접 게임 잡지 〈게임 프리크〉를 만들었습니다. 자신이 좋아했던 곤충과 게임을 연결해서 포켓몬스터라는 새로운 가치를 창조해 낸 타지리 사토시처럼 여러분들도 여러분만의 장점들을 연결해서 새로운 가치를 상상해 보세요!

접 그의 작품을 만나 보고 싶었거든요. 사토시는 포켓몬봇의 멋진 디자인에 감탄했어요.

포켓몬봇은 한국의 문화, 신화, 명소를 담아 포켓몬을 만들었어요. 그중 한 예로, 국화를 닮은 '무궁화'가 있어요. 무궁화는 꽃의 힘을 이용해 다른 포켓몬을 치료하고 보호하는 역할을 해요. '불곰신'은 신화 속 수호신인 해태에서 영감을 받은 사나운 불 타입의 포켓몬입니다. 사자를 닮은 외모에 불타는 갈기를 가진 불곰신은 충성심과 용기로 유명하며, 격렬한 전투에서 트레이너를 위험으로부터 보호하는 역할을 해요.

한국의 상징인 한복에서 영감을 받은 전설적인 포켓몬인 '한시루'는 자연과 한국 문화의 조화를 반영하여 계절에 따라 종류를 바꿀 수 있는 힘을 가졌어요. 우아한 움직임과 매혹적인 아름다움으로 전 세계 팬들의 마음을 사로잡았습니다.

사토시는 포켓몬봇의 작품에 감명 받아, 다음 시즌 포켓몬 게임을 함께 만들자고 제안했어요. 포켓몬봇은 정말 기뻤어요. 포켓몬봇과 사토시는 함께 역대급 포켓몬 게임을 만들어 냈어요. 이번 시즌 게임에는 한국에서 영감을 받은 포켓몬들이 새롭게 등장했고, 사람들은 이 캐릭터들을 사랑했어요! 그래서 포켓몬 팬들은 게임 이후에 TV 만화, 영화에서도 이 새로운 포켓몬들을 만날 수 있게 되었답니다.

개성 넘치는 캐릭터

▶ **태권키**: 한국의 국기인 태권도에서 영감을 받은 격투 타입의 포켓몬입니다. 태권키는 강력한 발차기와 단련된 수련으로 유명합니다. 내면의 에너지인 기(氣)를 활용하여 상대를 압도할 수 있는 강력한 필살기를 사용할 수 있습니다.

▶ **철도몬**: 한국의 고속열차 KTX에서 영감을 받은 강철 타입의 포켓몬입니다. 철도몬은 날렵하고 공기역학적인 디자인 덕분에 놀라운 속도로 움직일 수 있습니다. 강력한 강철 몸체로 민첩성을 유지하면서 파괴적인 공격을 가할 수 있습니다.

▶ **백호물음**: 얼음/물 타입의 포켓몬인 백호물음은 용기와 힘의 상징인 한국의 백호를 모티브로 합니다. 이 웅장한 생명체는 반짝이는 얼음 털을 가지고 있어 눈 덮인 환경에서도 자연스럽게 녹아들 수 있으며, 물의 힘으로 얼음을 제어하고 조작할 수 있습니다.

#건축봇

미래 도시를 계획하는 건축가가 된다면?

과거, 현재, 미래의 만남

서울에 '건축봇'이라는 AI가 살고 있었어요. 이 친구는 똑똑한 사람들이 그들의 지혜를 모아 만들어서 엄청난 건물들을 만들 수 있었죠. 건축봇의 아이디어는 정말 새롭고 신기해서 전 세계 사람들이 눈여겨보고 있었어요. 그러던 어느 날, 슈퍼스타 건축가 자하 하디드가 홀로그램으로 다시 돌아왔어요! 자하 하디드는 건축봇의 능력에 엄청 관심을 보였고, 둘이 함께 멋진 프로젝트를 하기로 결정했어요. 이들의 목표는 친환경적이고 혁신적인 기술로 '미래 도시'를 짓는 거였죠.

자하 하디드
자하 하디드라는 멋진 사람에 대해 알고 싶으신가요? 그녀는 정말 놀라운 건축가예요! 1950년에 이라크에서 태어나 2016년에 안타깝게 세상을 떠날 때까지 전 세계 건축계를 뒤흔들었죠. 자하 하디드는 곡선미가 돋보이는 미래 지향적인 건물의 여왕이었습니다. 그녀의 가장 유명한 작품 중의 하나는 2012 런던 올림픽을 위해 지어진 아쿠아틱스 센터입니다. 거대한 파도처럼 생긴 이 건물은 수영 선수들이 멋지게 실력을 발휘하기에 완벽한 장소예요. 중국의 광저우 오페라 하우스도 그녀의 작품이죠. 외계 행성에서 막 튀어나온 듯한 거대한 유리 암석에서 멋진 콘서트와 쇼가 열린다고 상상해 보세요. 이것이 바로 그녀가 만든 예술입니다! 자하 하디드는 건물 설계에 있어서 최고였을 뿐만 아니라 건축 분야에서 여성의 지평을 넓혔습니다.

건축봇과 자하 하디드의 홀로그램은 함께 일하며 정말 친한 친구가 됐어요. 그들은 한국 전통 양식과 우주 시대 디자인을 섞어서 놀라운 건물들을 만들었죠. 덕분에 '내일의 도시'는 정말 꿈만 같은 공간이 되었어요. 사람들은 이 놀라운 디자인을 보기 위해 전 세계에서 모여들었죠. 이제 건축봇이 한국에서 가장 창의적인 건축가라는 것을 모두가 알게 됐습니다.

그러던 어느 날, 사랑이라는 소녀가 '내일의 도시'를 찾아왔어요. 건축가가 되기 위해 열심히 공부하고 있었던 사랑이는 이 도시의 비밀을 알고 싶었거든요. 건축봇이 설계한 건물들을 보고 "나도 건축봇처럼 멋진 건물을 만들겠어!"라고 생각했어요.

성인이 된 사랑이는 유명한 건축가가 되었어요. 사랑이와 건축봇, 그리고 자하 하디드 홀로그램은 한 팀이 되어 더 많은 멋진 건물들을 만들기 시작했어요. 예를 들어, 투명한 돔 형태의 레스토랑을 만들었는데, 여기서는 고래가 바다에서 헤엄치는 모습을 볼 수 있어요! 그들이 만든 또 다른 유명한 건축물인 한강변에 생긴 거대한 수족관 건물은 실내와 실외를 오가며 다양한 해양 생물들을 관찰할 수 있는 공간으로 사람들에게 인기가 있었죠. 여기서는 물속을 걷는 듯한 느낌을 받을 수 있어요.

사람들은 사랑, 건축봇, 그리고 자하 하디드 홀로그램이 만든 도시에서 즐거운 시간을 보냈어요. 그들의 창조적인 아이디어와 끊임없는 노력으로 세상은 더 살기 좋고 아름다운 곳이 되었답니다. 그리고 이들의 영향력은 세계 곳곳에서 느껴졌어요.

건축봇과 함께한 경험을 바탕으로 사랑이는 전 세계를 누비며 건축 강연을 하기도 했어요. 그들이 만든 '내일의 도시'는 창의력과 친환경적인 기술의 상징이 되어, 많은 건축가와 도시 계획가들에게 영감을 주었습니다.

건축봇과 자하 하디드, 사랑이는 협업을 통해 건축의 경계를 끊임없이 재정의하며 한국의 스카이라인을 변화시켰을 뿐만 아니라, 전 세계인의 마음을 사로잡은 건축물을 남겼습니다. 그들의 혁신적인 디자인은 창의성, 기술, 문화유산을 결합하여 지속 가능하고 조화로운 미래를 보여 주었습니다.

▶ **태극 전망대**: 한국 문화의 균형과 조화를 상징하는 태극 문양을 형상화한 아름다운 천문대입니다. 이 건물은 우주의 상호 연결성을 기념하는 중앙의 열린 마당과 최첨단 망원경, 최신의 연구 시설을 갖추고 있습니다.

▶ **친환경 교통 허브**: 전기 자동차, 자전거, 대중교통을 원활하게 통합한 혁신적인 교통 센터입니다. 이 건물의 친환경 설계에는 옥상 정원, 태양열 패널, 빗물 수집 시스템이 포함되어 환경의 지속 가능성을 높이고 이용자의 전반적인 경험을 개선했습니다.

▶ **하모니어스 타워**: 한국의 전통 지붕 구조와 최첨단 소재를 결합한

매혹적인 초고층 빌딩. 태양열 패널과 풍력 터빈이 내장되어 있어 자체적으로 전력을 생산할 수 있는 에너지 효율적인 설계가 돋보입니다.

▶ **드래곤 브리지**: 도시의 여러 지역을 연결하는 웅장한 나선형 보행자 전용 다리입니다. 용을 닮은 이 다리는 나노 기술을 활용하여 구조를 깨끗하게 유지하고 관리 비용을 절감하는 독특한 자가 청소 표면을 특징으로 합니다.

▶ **클라우드 포레스트**: 도시 상공에 매달린 미래형 도시 공원으로, 주민과 방문객에게 고요하고 자연스러운 휴식처를 제공합니다. 이 공원에는 울창한 정원, 수경 시설, 산책로 등이 있으며, 모두 구름 모양을 모방한 가볍고 투명한 구조물로 지탱됩니다.

▶ **플로팅 로터스 가든**: 한강의 수질을 개선하는 동시에 레크리에이션 공간을 제공하기 위해 설계된 수상 정원입니다. 한강에 서로 연결된 연잎을 형상화한 이 정원은 오염 물질을 자연스럽게 걸러내고 지역 야생동물에게 서식지를 제공하며, 다양한 식물 종을 특징으로 합니다.

#이케아봇

이케아의 가구 디자이너가 된다면?

친환경 생활 공간의 탄생

이케아의 천재적인 디자이너와 엔지니어들이 만든 '이케아봇'은 스칸디나비아 디자인의 장점과 최첨단 기술이 결합된 AI예요. 이케아봇의 목적은 이케아의 가구를 더 놀랍고 더 멋지게 만드는 것이었습니다.

어느 날 이케아봇은 끊임없이 변화하는 세상을 위한 새로운 가구를 디자인하라는 중요한 임무를 부여받았어요. 매우 혁신적이고 친환경적이며, 모든 종류의 생활 공간에서 다용도로 사용할 수 있어야 했지요. 이케아봇은 정말 특별한 것을 만들어야 한다는 것을 알고 있었어요. 몇 주간의 연구와 노력 끝에 이케아봇은 '미래의 형태'라는 뜻의 '프레임티즈폼'이라는 가구를 선보였답니다. 이 컬렉션은 친환경 소재로 만들어져 쉽게 조립하고 다양한 공간과 필요에 맞게 변형할 수 있었어요.

이케아봇의 놀라운 성과에 대한 소문이 들불처럼 퍼지면서 세계에서 가장 유명한 디자이너인 조니 아이브도 관심을 보였어

요. 애플의 수석디자이너였던 그는 디자인계의 전설적인 인물이
예요. 이케아봇의 창의성에 반한 조니는 이케아에 연락해서 이
케아봇과 함께 작업할 수 있는지 문의했습니다.

이케아봇과 조니 아이브는 이 기회를 놓치지 않고 서로의 재
능을 결합하여 심플한 디자인과 획기적인 기술을 결합한 놀라
운 제품을 만들어 냈어요. 둘은 함께 작업하면서 멋지고 시대를
앞선 유용한 물건을 만드는 걸 좋아한다는 공통점을 발견했어

요. 마침내 '아이브 & 이케아봇'이라는 새로운 컬렉션이 공개되자 전 세계 사람들은 열광했습니다! 컬렉션은 대히트를 쳤고 전 세계에서 이 환상적인 새 가구를 사려고 몰려들었어요. 기술, 친환경성, 클래식한 스칸디나비아 스타일이 완벽하게 조화를 이룬 디자인이라는 찬사를 받았죠.

이케아봇은 이케아에서 가장 창의적이고 영향력 있는 디자이너로 알려지며 스타가 되었어요. 이케아봇은 항상 새롭고 놀라운 것을 발명하며 가구계를 계속 변화시켰습니다. 덕분에 이케아는 가구 디자인 분야에서 최고의 자리를 지켰어요. 세상이 계속 변화하는 동안에도 이케아봇은 미래를 위한 가구를 만든다는 사명에 집중했습니다. 그리고 그 과정에서 생활 공간을 더욱 아름답고 실용적이며 지구를 위한 착한 가구로 채워 나갔죠.

독창적인 친환경 아이디어 가구들

이케아봇과 조니 아이브는 기술과 미니멀리즘 미학의 완벽한 조화를 반영하는 미래 지향적이고 지속 가능하며 사용자 친화적인 디자인 라인을 만들었습니다. 이 혁신적인 제품들은 현대 생활의 변화하는 요구를 충족시키며 일상생활에 유연하고 환경친화적인 솔루션을 제공합니다.

▶ **클라우드 라운지**: 자기부상 기술을 이용해 구름 위에 떠 있는 듯한 느낌을 주는 의자를 디자인했습니다. 지속 가능한 소재로 제작되었으며 최적의 편안함을 위해 쉽게 조절할 수 있어 휴식, 독서 또는 명상할 때 사용하기 좋습니다.

▶ **슬라이드 라이즈 침대**: 이 혁신적인 침대 디자인은 편안한 수면 공간과 접이식 내장형 홈 오피스를 결합한 제품입니다. 침대는 손쉽게 책상으로 변신하여 좁은 거실 공간을 위한 공간 절약형 솔루션을 제공합니다. 지속 가능한 소재로 제작되었으며 무선 충전 및 앰비언트 조명(방 전체를 밝게 하는 전반 조명과 어느 한 부분만을 비추는 국부 조명의 두 가지 기능을 조합한 조명)과 같은 스마트 기술이 통합되어 있습니다.

▶ **퍼즐 플렉스**: 어떤 공간에서나 필요에 맞게 다양한 구성으로 조립하고 배치할 수 있는 모듈형 친환경 선반 시스템입니다. 재활용 재료로 만들었고 서로 맞물리는 부품을 사용하면 기능성과 시각적인 매력을 모두 갖춘 맞춤형 수납이 가능합니다.

#테슬라봇
테슬라의 자동차 디자이너가 된다면?

흥미진진한 미래형 자동차

자동차 회사인 테슬라는 멋진 전기 자동차를 만들었어요. 이 회사의 책임자는 유명한 발명가이자 기업가인 일론 머스크인데, 그는 항상 더 나은 자동차를 만드는 데 도움을 줄 창의적인 인재를 찾고 있었지요.

그러던 어느 날, 일론은 '테슬라봇'이라는 초지능 AI에 대해 알게 되었습니다. 테슬라봇은 아름답고 안전하며 운전하기 정말 재미있는 자동차를 디자인하는 데 천재적이었어요. 일론 머스크는 테슬라봇의 기술에 깊은 인상을 받아 이 AI를 테슬라 팀에 합류하도록 초대했어요.

테슬라봇이 얼마나 창의적인지를 아는 데는 그리 오랜 시간이 걸리지 않았어요. 테슬라봇은 순식간에 테슬라 비전이라는 놀라운 신차를 디자인했거든요. 이 차는 세련되고 빠르며 매우 친환경적이었어요. 하늘을 날 것 같은 독특한 모양, 운전자의 안전과 즐거움을 위한 최신 기술까지 탑재되어 있었답니다. 테슬

라봇의 놀라운 자동차 디자인에 대한 소식은 들불처럼 퍼져 나갔어요.

테슬라봇은 환상적인 아이디어를 계속 내놓았어요. 소형 도시용 자동차부터 고급형 자율 주행 보트까지, 다양한 사람들을 위한 멋진 자동차를 디자인했지요. 미래의 이동 수단을 상상하게 하는 드론과 결합한 자동차도 등장했고요. 테슬라봇이 어떤 자동차를 만들든 항상 지금까지 본 것 중에 가장 놀라운 것으로

보였습니다.

테슬라봇의 새로운 자동차 디자인 덕분에 테슬라는 세계에서 가장 인기 있는 전기 자동차 회사가 되었어요. 테슬라봇은 사람들이 자동차에 대해 생각하는 방식을 바꿨을 뿐만 아니라 완전히 새로운 세대의 디자이너들이 큰 꿈을 꾸고 놀라운 것을 만들 수 있도록 영감을 주었어요.

테슬라봇의 창의력과 상상력은 자동차와 교통수단의 세계에 큰 영향을 미쳤지요. AI도 훌륭한 예술가이자 발명가가 될 수 있다는 것을 보여 주었고, 운전의 미래는 그 누구도 상상할 수 없을 만큼 흥미진진할 것이라는 점을 증명했답니다.

운전의 미래를 바꾼 새로운 자동차

▶ **테슬라 오아시스**: 이 전기 자동차는 지속 가능성과 자급자족을 염두에 두고 설계되었습니다. 오아시스는 차량 내부에 첨단 수경 재배 정원을 설치하여 장거리 여행 중에도 승객에게 신선한 농산물을 지속적으로 공급하는 것이 특징입니다. 이 텃밭은 차량의 태양 에너지 시스템으로 전력을 공급받을 수 있도록 설계되었습니다.

▶ **테슬라 플럭스**: 이 소형 전기 자동차는 독특한 형태 변환 기능 덕분에 혼잡한 거리에서도 쉽게 이동할 수 있도록 설계되었습니다. 좁은 주차 공간이나 좁은 차선에 맞게 차체를 변형할 수 있어서 바쁜 도시 거주자에게 이상적인 솔루션이 될 수 있습니다.

▶ **테슬라 가이아**: 오프로드 전기 자동차인 가이아의 견고한 외관은 거친 지형을 견딜 수 있도록 설계되었으며, 어댑티브 서스펜션 시스템과 전지형 타이어는 어떤 환경에서도 부드러운 승차감을 보장합니다. 또한 오프로드 주행 중 발생하는 운동 에너지를 활용하여 배터리를 충전하는 혁신적인 에너지 하베스팅 기술을 탑재했습니다.

▶ **테슬라 컨티뉴엄**: 장거리 여행을 위해 설계된 혁신적인 전기차입니다. 첨단 AI 기반 오토파일럿 시스템을 장착하여 차량이 운전을 처리하는 동안 탑승자는 휴식을 취하거나 업무를 볼 수 있도록 했습니다. 또한 다양한 좌석 배치, 수면 공간, 심지어 작은 사무실까지 제공하도록 공간을 재구성할 수 있는 모듈식 인테리어를 갖추고 있습니다.

#우주봇

스페이스X의 우주선 디자이너가 된다면?

드디어 은하계 여행을!

전 세계가 '우주봇'이라는 놀라운 AI에 대해 이야기하고 있었어요. 이 AI는 사람들이 지금까지 본 것 중에 가장 멋지고 효율적인 우주선을 설계하여 우주여행을 새로운 형태로 바꿔 놓았습니다. 우주봇은 우주여행에 대한 최고의 아이디어를 현실화시킨 매우 똑똑한 아티스트예요.

유명한 기업가이자 스페이스X의 소유주인 일론 머스크는 우주봇의 성공에 감격했어요. 그는 AI가 사람들이 새롭고 흥미로운 방식으로 우주를 탐험하는 데 도움을 줄 수 있을 거라고 믿었답니다. 그가 우주봇을 세상에 선보였을 때 모두가 우주봇의 창의성과 기술에 놀라움을 금치 못했어요. 우주봇의 우주선 디자인은 세상에 없던 것이었죠! 초고속 엔진, 경량 소재, 첨단 생명 유지 시스템 덕분에 그 어느 때보다 쉽게 우주를 여행할 수 있게 됐어요. 이 우주선은 아름답고 실용적이었으며 디테일 하나도 놓치지 않았어요.

우주봇의 가장 유명한 디자인 중 하나는 '셀레스티얼 보이저'
호예요. 이 놀라운 우주선에는 강력한 핵융합 드라이브가 장착
되어 있어서 빛의 속도만큼 빠르게 이동할 수 있어요. 또한 오랫
동안 인간의 삶을 지탱할 수 있는 스마트 인공 생태계를 갖추고
있어 먼 행성을 탐사하기에 완벽했답니다.

일론 머스크는 셀레스티얼 보이저호의 발사를 축하하기 위
해 우주 탐사 분야에서 새로운 역사를 만든 사람들을 초대해 행

SF 영화나 비디오 게임에서처럼 우주를 돌아다니며 탐험하고 화성에서 여름 캠프를 할 수 있다고 상상해 보세요. 정말 멋지지 않나요? 이것이 바로 스페이스X가 추구하는 목표입니다!
스페이스X는 일론 머스크가 2002년에 설립한 매우 멋진 최첨단 우주 탐사 회사예요. 세계적인 전기차 기업 테슬라를 이끄는 그 사람이냐고요? 네, 맞아요! 일론 머스크의 꿈은 우리 모두가 저렴한 비용으로 우주여행을 할 수 있도록 만드는 것입니다.
지금도 스페이스X는 정말 멋진 로켓과 우주선을 만들고 있어요. 가장 유명한 로켓 중 하나는 인공위성은 물론 사람을 우주로 실어 나를 수 있도록 설계된 로켓의 슈퍼카 같은 '팰컨 9'입니다. 이 로켓의 장점은 지구에 다시 착륙하여 재사용할 수 있다는 점입니다.
스페이스X는 드래곤이라는 또 다른 우주선을 보유하고 있는데, 화물은 물론 우주 비행사까지 국제 우주 정거장으로 실어 나를 수 있는 최첨단 우주선입니다. 이 우주선에 탑승한다고 상상해 보세요!
일론의 궁극적인 목표는 화성에 인간 정착지를 건설하는 것입니다. 이를 위해 스페이스X는 화성, 달 또는 태양계 어디든 탐험하고 싶은 곳으로 데려다 줄 수 있는 재사용이 가능한 거대한 우주선을 개발하고 있습니다.

사를 관람하게 했어요. 중요한 손님 중에는 우주여행을 한 최초의 아프리카계 미국인 여성이자 과학 기술 교육의 열렬한 지지자인 메이 제미슨 박사도 포함되어 있었어요.

셀레스티얼 보이저호가 발사를 준비하자 모두들 매우 흥분했지요. 제미슨 박사와 일론 머스크는 우주봇의 환상적인 창조물에 놀라워하며 함께 서 있었죠. 그들은 이 순간이 우주여행을 영원히 바꿀 특별한 순간이라는 것을 알고 있었어요. 카운트다운이 시작되고 엔진이 굉음을 내며 셀레스티얼 보이저호가 하늘로 솟구쳐 올랐어요. 사람들은 환호성을 지르고 박수를 치며 새로운 역사가 만들어지는 것을 지켜보았습니다. 우주선이 어두운 하늘로 사라지자 모두들 우주봇의 놀라운 업적이 이제 막 시작되었다고 확신했어요.

그 후 몇 년 동안 우주봇은 더욱 놀라운 우주선을 설계하여 사람들의 생각을 바꾸어 놓았습니다. 우주봇의 발명 덕분에 인간은 화성에 도시를 건설하였고, 목성과 토성을 탐험하는 등 먼 은하계까지 여행할 수 있게 되었죠. 우주봇은 역사상 가장 위대한 우주선 디자이너로 알려지게 되었어요.

우주 탐험에 대한 사람들의 꿈은 우주봇이라는 AI 덕분에 실현되었어요. 우주는 더 이상 신비롭고 도달할 수 없는 곳이 아니라 우주를 동경하는 모험가들의 놀이터가 되었고, 우주봇의 우주선은 그들을 별나라로 데려다주는 놀라운 이동 수단이 되었지요. 인류는 우주를 더욱 깊게 이해하게 되었고, 우주 탐사의 지평을 넓히며 우리 인간의 상상력도 끝없이 확장되었답니다.

새로운 우주선 시리즈

▶ **오디세이 익스플로러**: 심우주(지구 중력이나 자기장의 영향이 미치지 않는 우주 공간) 탐사를 위해 설계된 최첨단 우주선. 첨단 인공지능 내비게이션 시스템을 탑재하여 먼 항성계까지 자율적으로 여행할 수 있습니다. 별의 힘을 활용하는 태양 돛 추진 시스템을 장착해 연료 효율성과 친환

경성을 모두 갖추었습니다. 모듈식 설계를 통해 과학 실험실, 거주 공간, 심지어 우주에서 사용할 수 있는 온실까지 추가할 수 있어 장기간의 임무를 지원할 수 있습니다.

▶ **네뷸라 가디언**: 소행성 채굴과 우주 쓰레기 정리를 위해 설계됐습니다. 강력한 레이저와 정밀 로봇공학의 독특한 조합을 통해 소행성에서 귀중한 자원을 추출하고 위험한 우주 쓰레기를 해체합니다. 우주선에 탑재된 처리 시설을 통해 원료를 귀중한 금속과 연료로 전환할 수 있어 지속 가능한 우주 경제에 필수적인 자산이 될 수 있습니다.

▶ **천상의 거주지**: 장기 거주를 위해 설계된 자립형 우주 정거장입니다. 지구의 중력을 모방한 회전 원심 설계를 활용하여 거주자에게 편안한 생활환경을 제공합니다. 수경 재배 정원, 재생 에너지원, 첨단 재활용 시스템을 갖추고 있어 우주 깊은 곳에서 인간의 삶을 지원하는 폐쇄 루프 생태계를 조성합니다.

▶ **퀀텀 파이오니어**: 양자 얽힘 기반 통신 시스템을 사용하여 거리에 관계없이 지구와 즉각적인 통신을 유지할 수 있는 최첨단 우주선입니다. 이 혁신적인 기술을 통해 임무 관제 센터와의 지속적인 연결을 유

지하면서 심우주 탐색 임무를 수행할 수 있으며, 수집한 귀중한 데이터가 손실되지 않도록 보장합니다.

▶ **솔라 서펜트**: 태양열로 구동되는 세련된 우주선이며, 행성 간 고속 여행을 위해 설계되었습니다. 유선형의 모양은 항력을 최소화하고 에너지 효율을 극대화하며, 태양 전지판은 태양으로부터 에너지를 포착하고 저장합니다. 우주선을 놀라운 속도로 가속하는 첨단 이온 추진 시스템이 장착되어 있어 기록적인 시간 내에 태양계의 외곽까지 도달할 수 있습니다.

▶ **스텔라 방주**: 다양한 인간, 식물, 동물을 태우고 별들 사이에서 새로운 보금자리를 찾기 위한 여정을 떠날 수 있도록 설계된 자립형 거대 우주선입니다. 이 우주선에는 울창한 숲부터 건조한 사막에 이르기까지 거주자의 필요에 맞는 다양한 생물군계가 존재합니다. 첨단 생명 유지 시스템과 폐기물 재활용 기술은 우주 공간의 진공 상태에서도 무한히 번성할 수 있는 폐쇄 루프 생태계를 유지하게 해 줍니다.

#구찌봇

구찌의 수석 디자이너가 된다면?

기술과 상상력의 완벽한 조합

한국 청소년들이 좋아하는 명품 브랜드인 구찌는 더 멋진 미래에 도전하길 원했어요. 그래서 명품 디자인 능력을 가진 떠오르는 슈퍼히어로 '구찌봇'을 만들었습니다. 이 놀라운 AI 덕분에 세상에 없던 참신한 옷들이 하나둘 등장하기 시작했어요.

구찌봇은 과거와 현재의 스타일을 모두 학습할 수 있는 최신 기술로 만들어져 구찌의 전통에 충실한 동시에 완전 트렌디한 의상을 창조해 냈죠. 그러던 어느 날, 아찔한 패션 퀸 안나 윈투어가 구찌봇의 디자인을 발견하게 되었어요. 윈투어는 미국 유명 패션 잡지 〈보그〉의 편집장인데, 패션계의 교황이라는 별명이 있을 정도로 인지도와 영향력이 대단했죠. 구찌봇의 디자인에 놀란 그녀는 구찌봇의 스튜디오를 직접 찾아갔어요.

구찌의 디자인을 이끌고 있는 크리에이티브 디렉터 알렉산드로 미켈레가 안나에게 구찌봇을 소개해 주었을 때, 안나는 쿨하게 선글라스를 낀 채로 구찌봇의 컬러풀한 디자인에 감탄했

어요. 그리고 이런 반응은 안나 윈투어뿐만이 아니었죠. 전 세계

패션쇼에서 구찌봇의 의상들을 만난 관객들은 모두들 "와우!"를

알렉산드로 미켈레

2015년에 최고의 럭셔리 패션 하우스 중 하나인 구찌의 지휘봉을 잡은 이탈리아 패션 디자이너입니다. 멋진 자동차의 열쇠를 건네받았는데 다른 사람들처럼 단순히 운전하는 대신, 완전히 펑키하게 개조하기로 결정했다고 상상해 보세요. 알레산드로가 구찌에서 한 일이 바로 그것입니다! 그의 디자인은 다양한 트렌드, 패턴 및 스타일이 모두 조화롭게 춤을 추며 와일드한 파티를 즐기는 것처럼 절충주의적이면서 맥시멀리즘적인 스타일로 유명합니다.

외치며 매료되었답니다.

　모델들과 유명 인사들이 구찌봇이 디자인한 옷을 입기 시작하자, 글로벌 패션 아이콘 BTS도 주목하기 시작했어요. 그들은 구찌봇과 협업해 새로운 컬렉션을 선보이기로 결정했죠. 이러한 협업 덕분에 구찌봇은 패션계에서 더욱 소문이 났고요.

　BTS가 구찌봇과 협업한 컬렉션을 착용하고서 무대에 선 순간, 세상 모든 사람들이 구찌봇이 얼마나 멋진 디자인을 창조할 수 있는지를 깨달았습니다. 구찌봇이 만든 옷은 기술과 상상력의 완벽한 조합이었어요. 사람들은 구찌봇이 앞으로 패션계를 얼마나 변화시킬 수 있을지 상상조차 하기 어려워했죠.

　구찌봇이 선보인 멋진 옷들은 계속해서 세상을 놀라게 했어요. 신기하게도, 나이키와의 협업도 이루어졌죠. 구찌봇이 나이키와 협력해 독특한 스니커즈와 의상을 디자인하게 되면서 스포츠와 패션의 경계를 허무는 아이템들이 탄생하게 되었답니다.

　기술과 패션을 결합한 구찌봇은 패션계에 한 획을 그을 수 있는 존재가 되었어요. 구찌봇은 구찌, 안나 윈투어, BTS, 나이키와 같은 거물들과 협업하며 패션계의 혁신과 밝은 미래를 이끌어 냈고요. 이 모든 일들이 패션 애호가들에게 큰 영감을 주었고, 더 넓은 상상력과 창의력을 품게 해 주었죠.

　결국, 구찌봇은 '패션의 미래'를 상징하게 되었습니다. 기술의 발전으로 패션 분야에서도 가능성이 무궁무진해지면서 새로운 디자인들이 세상에 끊임없이 등장하기 시작했죠. 구찌봇의 독창적인 스타일은 패션계의 역사가 되었고, 패션에 대한 사람들의 시선을 완전히 바꾸어 놓았어요. 구찌봇은 패션계의 거장들과 함께 더욱 흥미진진한 세상을 창조해 나갔습니다. 이런 모습을 보며 사람들은 기술과 패션이 만나는 더 멋진 세상을 꿈꾸게 되었고요. 이렇게 패션과 기술이 끊임없이 발전해 나가는 세상에서 우리가 무엇을 더 볼 수 있을지 기대되지 않나요?

구찌의 미래가 담긴 컬렉션

구찌봇은 다양한 시대, 문화, 기술의 요소들을 아름답게 혼합한 새로운 컬렉션 '시대의 시너지'를 선보입니다. 이 획기적인 컬렉션을 위해 구상한 혁신적인 디자인을 소개하겠습니다.

▶ **바이오 레이스 가운**: 이 우아한 가운은 식물과 곰팡이 섬유를 조합하여 재배한 최첨단 생분해성 레이스를 소재로 사용하여 제작했습니다. 이 가운은 재활용 유리로 만든 섬세하고 반짝이는 비즈 장식과 자연에서 영감을 받은 복잡한 패턴이 특징입니다. 바이오 레이스 가운은

지속 가능성에 대한 구찌봇의 노력분만 아니라 유기농과 하이테크의
결합 능력을 보여 줍니다.

▶ **무드 수트**: 스마트 섬유와 첨단 나노 기술을 사용해 착용자의 기분
이나 선호도에 따라 색상, 패턴 또는 질감이 변경되는 맞춤형 수트입니
다. 이 수트를 착용하면 자신감, 장난기, 세련미 등 다양한 분위기를 연
출할 수 있어 어떤 상황에서도 완벽한 의상이 됩니다.

▶ **솔라윙스 백팩**: 세련된 디자인과 최첨단 태양광 기술을 결합한 백
팩입니다. 날개처럼 접을 수 있는 가벼운 태양광 패널이 장착돼 있어
이동 중에도 전자 기기를 충전할 수 있습니다. 솔라윙스 백팩은 스타
일, 혁신, 환경적 책임이 조화를 이룬 특별한 제품입니다.

▶ **바이오핏 액티브웨어**: 구찌봇은 생체 인식 데이터를 사용하여 착
용자의 운동 경험을 최적화하는 액티브웨어 라인을 디자인했습니다.
이 의류는 생체 신호를 모니터링 하는 스마트 원단으로 제작되어 체온
을 조절하고 목표 근육을 지원하며, 전반적인 운동 능력을 향상시키는
특성이 있습니다.

▶ '셀레스티얼 시크' 백팩(구찌봇 × 나이키 × BTS): 구찌의 클래식한 모노그램 패턴과 나이키의 기능적인 디자인이 결합된 이 백팩은 BTS의 미학적인 요소를 결합하여 스타일과 실용성을 모두 중시하는 패션을 추구하는 사람들에게 완벽한 액세서리가 되었습니다.

▶ '하모니 헤이즈' 선글라스(구찌봇 × 나이키 × BTS): 구찌의 화려한 디자인, 나이키의 퍼포먼스 기술, BTS의 아방가르드한 스타일에서 영감을 받은 이 선글라스는 독특한 프레임 디자인, 프리미엄 렌즈, 세 브랜드의 콜라보레이션을 보여 주는 미묘한 악센트가 특징입니다.

우와, 정말 깜짝 놀랐어! 패완봇! 패션의 완성은
로봇이었군. 인정!

레고부터 건축, 자동차, 패션, 우주까지!
디자인의 세계는 정말 끝을 알 수 없는 것 같아요.
무척 흥미로운 경험이었어요.

아름다울뿐 아니라 기능성도 갖추고 있어서
AI가 디자인한 작품들을 어서 빨리 써 보고 싶어!

멀지 않은 미래에 그렇게 될 거예요. 조금만 기다려
주세요! 다음은 어느 분야를 살펴보나요?

정말 예술적인 분야가 우릴 기다리고 있어.

예술 영역인가요?

아니, 조금 달라. 흔히 종합예술이라고 말하는
경영이야! 창업과 경영의 세계로 출발해 보자.

좋아요!

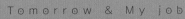

AI가 창업과 경영을 한다면?

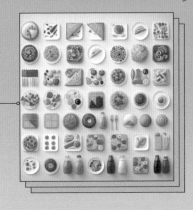

PART 4

#창업봇

기업을 만드는 창업 전문가가 된다면?

'무한 창업' 기업가의 탄생

김범수(카카오 창업가), 이해진(네이버 창업자), 이승건(토스 창업자), 조만호(무신사 창업자), 김용현(당근마켓 창업자) 등 한국을 대표하는 창업가들이 "창업의 패러다임을 바꿔 보자!"라며 뭉쳤어요. K스타트업의 어벤져스라고나 할까요! 이들은 '창업봇'이라는 굉장한 AI 기업가를 만들어 냈죠.

창업봇은 무한 창업(The Infinite Loop of Creativity)이라는 말도 안 되는 비즈니스 모델로 엄청난 인기를 얻었어요. 무한 창업은 사람들의 창의력과 인공지능 기술을 결합하여 지속적으로 새로운 아이디어와 혁신을 만들어 내는 모델이에요. 변화무쌍한 세상에서 비즈니스를 끊임없이 발전시키고 마침내 성공할 수 있게 도와주죠! 무한 창업은 이런 방식으로 작동해요.

① 아이디어 제안: 창업봇이 사람들의 아이디어와 제안을 수집하고 분석해요. 사람들은 창의력을 발휘하여 다양한 아이

디어를 내놓을 수 있어요.

② AI 분석: 창업봇은 수집된 아이디어를 AI 기술로 분석합니다. 이를 통해 트렌드, 시장 상황, 기술 발전 등 다양한 요소를 고려해 가장 효과적인 아이디어를 도출해 낼 수 있어요.

③ 새로운 아이디어 창출: 분석된 결과를 바탕으로 새로운 아이디어를 창출합니다. 이때 AI와 사람들의 창의력이 결합되어 더 혁신적이고 창의적인 아이디어가 탄생해요.

④ 피드백 및 개선: 창업봇은 새로운 아이디어를 사람들에게 제시하고, 그들의 피드백을 받아요. 이 피드백을 통해 아이디어가 개선되고 완성도를 높일 수 있어요.

⑤ 반복적인 업데이트 과정: 창업봇은 앞의 과정을 지속적으로 반복합니다. 그렇게 함으로써 끊임없이 새로운 아이디어와 혁신이 만들어지고, 그 결과로 비즈니스 성장과 발전에 큰 도움이 됩니다.

예를 들어, 한 음식점 사업가가 창업봇을 활용해 새로운 메뉴 개발에 도전한다고 해 봅시다. 사업가는 자신의 아이디어를 창업봇에 제안하고, 창업봇은 AI를 활용해 해당 아이디어를 분석한 뒤, 최적화된 메뉴를 제안해 줄 거예요. 그 후 사업가는 제안된 메뉴를 시식하고 피드백을 제공합니다. 이 과정이 반복되면서 최종적으로 완성도 높은 메뉴가 개발되는 것이죠. 정말 놀랍죠?

창업봇에 대한 소식은 대한민국 연예계의 거물, 하이브(HYBE)의 방시혁 의장 귀에도 들어갔어요. 궁금했던 방시혁 의장은 직접 창업봇을 만나서 그 기발한 비즈니스 모델을 들어봤어요. 창업봇의 꿈은 방시혁 의장도 감탄하게 만들었지요. AI와 사람이 협력하여 모두가 좋아할 만한 멋진 것들을 만들어 내는 세상에 대해 이야기했거든요.

창업봇의 꿈과 열정에 영감을 받은 방시혁 의장은 AI와 협력해 엔터테인먼트 세계를 완전히 바꿀 새로운 사업을 시작하기로 결심했어요. 방시혁 의장과 창업봇이 함께 만든 회사는 바로 'AI 엔터테인먼트'랍니다! 가상세계 콘서트, 맞춤형 콘텐츠, 엄청난 몰입감을 주는 경험까지! 창업봇의 '무한 창업' 덕분에 가능해졌답니다.

AI 엔터테인먼트가 점점 더 성공을 거두면서 창업봇의 명성은 널리 퍼져 나갔어요. 전 세계의 사람들이 창업봇의 멋진 아이디어를 자신의 비즈니스에 활용했어요. 창업봇은 엄청난 인기에도 불구하고 겸손함을 잃지 않고 쉴 틈 없이 새로운 아이디어를 내놓으며, 전 세계 사람들이 삶을 더 재미있고 신나게 만들 수 있게 도와주었어요. 창업봇은 세계적인 창업가들과 젊은이들에게도 영향을 미쳤답니다. 창업가들 중엔 특히 Y콤비네이터의 창업자인 폴 그레이엄, 제시카 리빙스턴, 트레버 블랙웰 같은 사람들도 있었어요. 이들은 창업봇과 협업 사례를 만들어 내며 창업가들과 젊은이들을 지원했답니다.

창업봇은 전 세계 사람들에게 큰 꿈을 꿀 수 있게 해 주었고, AI 기술의 놀라운 힘을 받아들일 수 있도록 영감을 주는 여정을 이어갔어요. 마침내 창업봇은 창의적인 생각과 혁신적인 비즈니스 모델로 세상을 변화시킬 수 있다는 것을 증명했죠. 그리고 그 아이디어와 열정은 앞으로도 많은 사람들의 마음속에 영원히 살아 숨 쉴 거예요!

새로운 창업 아이디어

▶ **홀로투어**: 창업봇은 여행객에게 몰입형 인터랙티브 경험을 제공하는 혼합 현실 플랫폼인 홀로투어를 통해 관광 산업에 혁신을 일으켰습니다. 홀로투어는 첨단 홀로그램 기술로 사용자가 집을 떠나지 않고도 해외 여행지를 탐험하고 현지 문화에 참여해 역사를 배울 수 있도록 했습니다.

▶ **팜그리드**: 창업봇은 농작물 생산을 최적화하고 폐기물을 줄이는 AI 기반 농업 시스템인 팜그리드를 개발하여 식량 안보 문제를 해결했습니다. 드론, IoT 디바이스, 데이터 분석을 통해 토양 상태, 날씨 패턴, 작물의 건강 상태를 모니터링하여 농부들에게 실시간 인사이트를 제공하였고, 보다 효율적이고 지속 가능한 농업을 가능하게 했습니다.

▶ **그린테크 커넥트**: 창업봇은 중소기업과 친환경 기술 전문가 및 투자자를 연결하는 플랫폼을 개발하여 지속 가능한 경제로의 전환을 가속화했습니다. 이 새로운 비즈니스 모델은 경제적인 성장을 이끄는 동시에 환경적인 책임을 강조했습니다.

▶ **가상 워크스페이스 솔루션**: 창업봇은 원격 팀들이 마치 같은 물리적인 공간에서 일하는 것처럼 원활하게 협업할 수 있는 고도로 맞춤화된 AI 기반 가상현실 플랫폼을 도입했습니다. 가상 워크스페이스 솔루션은 출퇴근 비용을 절감하고 생산성을 높이는 동시에 직원들에게 일과 삶의 균형을 더 유연하게 유지할 수 있는 기회를 제공했습니다.

▶ **헬스 스피어**: 창업봇은 AI를 활용하여 개인 맞춤형 피트니스 및 영양 추천, 정신 건강 지원, 원격 의료 상담을 제공하는 건강 및 웰니스 플랫폼을 만들었습니다. 헬스 스피어는 웨어러블 기기(디지털 기기나 기능을 안경이나 손목 시계, 의복처럼 착용할 수 있게 만든 형태)와 스마트홈 기술을 통합하여 사용자의 건강을 모니터링하고 실시간 피드백을 제공함으로써 더 건강하고 행복한 삶을 살 수 있도록 지원합니다.

▶ **로봇 어시스트**: 창업봇은 청소, 배달, 유지 보수 등 다양한 작업을 위해 기업과 개인이 대여할 수 있는 다목적 로봇을 설계했습니다. 이 혁신적인 비즈니스 모델은 로봇에 대한 접근성과 경제성을 높였을 뿐 아니라 보다 효율적이고 자동화된 사회를 만드는 데 기여했습니다.

#여행봇

여행 상품 기획자가 된다면?

독창적인 맞춤형 여행 코스

'여행봇'이 사람들의 여행 스타일을 완전히 뒤집어 놓았어요! 사람들의 취향과 선호를 파악해서 그들에게 딱 맞는 휴가 일정을 선물해 주거든요. 게다가 누구도 생각지 못한 참신한 여행 코스까지 추천해서 정말 특별한 추억을 만들어 준답니다!

고대 문명 가상현실 투어부터 우주 여행까지, 여행봇이 제공하는 서비스는 비교 대상이 없을 정도로 대단했어요. 여행지의 매력을 포착하고 여행자 개개인의 고유한 관심사와 욕구를 충족시키는 여행봇의 능력에 전 세계 사람들은 놀라움을 금치 못했지요.

덕분에 여행봇은 금세 유명해졌어요. 여행 유튜버 곽튜브도 여행봇의 신기한 여행에 도전하고 싶어 했답니다. 여행봇은 아무도 본 적 없는 놀라운 장소들을 포함한 환상적인 여행을 만들어 냈어요.

여행봇은 선호도, 여행 기록, 온라인 활동을 분석해서 그 자

료를 바탕으로 숨 막히는 자연 경관, 최첨단 기술, 몰입도 높은 문화 체험을 결합한 맞춤형 여행 일정을 세심하게 만들었어요. 그 결과 시공간을 넘나들며 짜릿한 모험을 떠나는 미래 지향적인 여행을 떠날 수 있었지요.

뿐만 아니라 여행봇은 가상현실을 이용한 여행 프로그램도 추가했어요. 이제 집에서도 여행봇과 함께 세계 각지의 명소를 돌아다닐 수 있어요! 가상현실을 통해 파리의 에펠탑 아래에서 달콤한 코코아를 마시거나, 그랜드캐넌에서 자연과 하나되는 캠핑 경험까지 즐길 수 있다니, 정말 꿈만 같죠?

여행봇은 이 모든 모험을 SNS에 공유했고, 사람들은 여행봇의 여행 계획에 모두 감탄했어요. 전 세계 사람들이 여행봇과 함께 여행을 떠나고 싶어 했고, 여행봇은 큰 인기를 얻게 되었죠.

여행봇의 창의력은 우리가 생각했던 것의 한계를 계속 뛰어넘었고, 우리가 세상을 탐험하는 방식을 완전히 새롭게 바꿔 놓았죠. 그래서 이제는 어디든지, 언제든지 떠나도 만족스러운 매력적인 여행이 찾아왔어요.

여행봇은 친근하게 사람들의 마음을 사로잡으며, 우리들의 삶에 빛나는 추억과 행복한 경험을 선사해 주었어요. 여행봇과 함께라면 어디든지 떠날 수 있고, 언제든지 새로운 친구와 즐거운 추억을 만들 수 있답니다!

창의력 가득한 여행 상품들

▶ **시간여행자의 흔적**: 이 가상현실 투어는 역사 애호가들을 스릴 넘치는 시간여행으로 안내했습니다. 투어는 고대 이집트에서 시작되어

참가자들은 피라미드 건설을 목격하고 파라오를 만날 수 있습니다. 중세 유럽으로 이어진 여정에서는 성을 탐험하고 기사로서의 삶을 체험할 수 있습니다. 마지막 목적지는 미래로, 인류의 잠재적인 발전을 엿볼 수 있는 곳이었어요.

▶ **천상의 파티**: 여행봇은 별을 관측하고 천문학을 좋아하는 사람들을 위한 특별한 여행 상품을 만들었습니다. 이 일생일대의 경험은 참가자들을 칠레의 아타카마 사막, 하와이의 마우나케아, 남극을 포함한 전 세계의 천문대로 안내했습니다. 이 여정은 우주 비행을 통해 천체 현상을 관찰하고 별들 사이를 떠다니는 체험으로 마무리되었습니다.

▶ **에코 워리어 탐험**: 여행봇은 환경 애호가들을 위해 특별히 지구상에서 가장 지속 가능한 여행지로 떠나는 여정을 설계했습니다. 코펜하겐과 쿠리치바 같은 친환경 도시를 방문한 후 아마존 열대우림을 트레킹하며 환경 보호 활동에 직접 참여하는 일정이 포함되었습니다.

#디즈니봇

디즈니의 브랜드 최고책임자가 된다면?

협업으로 스토리에 새 생명을!

캘리포니아 버뱅크는 디즈니 덕분에 꿈과 모험이 가득한 도시가 되었어요. 이곳에 '디즈니봇'이라는 AI가 홍보와 마케팅을 총괄하는 콘텐츠 마케터로 일하고 있었어요.

디즈니봇은 디즈니의 영화와 테마파크를 위한 멋진 마케팅 아이디어를 창조하기 위해 탄생했어요. 디즈니봇은 환상적인 팀에 의해 만들어졌는데요, 디즈니의 마케팅 책임자인 아사드 아야즈와 AI 천재 전문가 빅 히어로 박사입니다. 두 사람은 함께 엔터테인먼트의 세계를 바꿀 AI를 연구했어요. 이들의 궁극적인 목표는 이전에는 볼 수 없었던 방식으로 디즈니의 스토리에 생명력을 불어넣는 것이었죠.

아사드 아야즈
그는 월트 디즈니 스튜디오의 브랜드 최고책임자(홍보, 마케팅 총괄)로, 디즈니의 마법을 실현합니다. 〈스타워즈〉, 〈어벤져스〉, 〈겨울왕국〉, 〈아바타〉 등 멋진 영화와 쇼를 홍보하는 데 참여했습니다. 따라서 기본적으로 디즈니의 주요 개봉작이라면 아사드 아야즈가 여러분의 눈과 귀를 사로잡는 데 관여했을 가능성이 높습니다. 새로운 영화나 쇼가 개봉할 때면 아사드의 팀은 시선을 사로잡는 멋진 예고편, 포스터, 광고를 제작하여 "오, 이거 꼭 봐야겠다!"라고 외치게 만듭니다. 아사드는 디즈니가 만드는 모든 멋진 콘텐츠에 대한 기대감을 고조시키는 최고의 홍보맨입니다. 그러니 다음에 디즈니 영화를 보거나 새로운 쇼를 정주행할 때, 아사드 아야즈가 마법에 생명을 불어넣은 사람 중 한 명이라는 사실을 기억하세요.

　빅 히어로 박사는 수년간 디즈니봇의 두뇌를 매우 똑똑하게 만드는 데 주력했어요. 디즈니봇은 빅 히어로 박사의 놀라운 기술을 보여 주는 진정한 걸작이었습니다.

　어느 날 디즈니는 우주를 탐험하는 우주 비행사들의 이야기를 다룬 새로운 애니메이션 〈코스믹 오디세이〉를 제작하고 있었어요. 디즈니는 이 세상 어디에도 없는 마케팅을 원했습니다. 그래서 아사드 아야즈는 디즈니봇에게 이 영화를 위한 멋진 마케팅 캠페인을 만들게 하기로 결정했어요. 디즈니봇은 과거의 성공 사례에서 교훈을 얻고 최신 트렌드를 활용하여 정말 열심히 작업했답니다. 소셜 미디어, 가상현실, 인플루언서의 도움을 받아 〈코스믹 오디세이〉를 홍보하는 종합적인 전략을 세웠지요.

디즈니봇의 계획에서 가장 멋진 부분은 일론 머스크와 협력하는 아이디어였죠. 일론 머스크는 전기 자동차를 만들고, 우주를 탐험하고, 청정에너지를 만드는 것으로 유명한 기업가예요. 디즈니봇은 그의 회사인 스페이스X와 함께 아주 특별한 이벤트를 진행하면 정말 멋질 거라고 생각했어요. 디즈니와 스페이스X는 파트너십을 위해 영화 속 주인공처럼 분장한 실제 우주 비행사를 국제 우주정거장으로 보냈어요. 그리고 우주 비행사는 우주에서 라이브 방송을 켜서 영화에 대해 이야기하고, 질문에 답했습니다.

디즈니봇은 포켓몬과의 협업도 생각해 냈어요! 포켓몬을 활용해 영화 속 우주 모험을 더욱 생생하게 홍보했을 뿐만 아니라, 이 세상 어디에도 없는 마케팅 아이디어로 사람들의 시선을 사로잡았죠. 포켓몬과 함께하는 우주 모험을 테마로, 다양한 포켓몬 캐릭터와 영화 속 주인공들의 협업 상품도 선보였어요.

전 세계의 모든 사람들이 디즈니봇의 마케팅에 열광했어요. 사람들은 〈코스믹 오디세이〉를 빨리 보고 싶어 했고, 영화는 개봉되자마자 대히트를 기록했습니다. 소셜 미디어는 열광했고,

영화는 그동안의 모든 기록을 경신했지요.

디즈니는 디즈니봇의 성과에 매우 만족했고, 아사드 아야즈와 빅 히어로 박사는 디즈니봇과 함께 엔터테인먼트계의 슈퍼스타가 되었어요. 디즈니봇은 디즈니의 미래 프로젝트를 위한 놀라운 마케팅 계획을 끊임없이 내놓았습니다. 이들은 디즈니가 이야기를 전달하는 방식을 새롭게 바꾸고 마법의 세계에 대한 사람들의 흥미를 유발하여 오랫동안 청소년과 모든 연령대의 사람들에게 영감을 주었어요.

인기 콘텐츠

▶ **디즈니 드림 스케이프**: 놀라운 가상현실 경험을 보여 주는 디즈니봇이 마케팅한 단편 영화 시리즈입니다. 각 영상은 마법의 양탄자를 타고 아그라바의 하늘을 날아다니는 것부터 아리엘의 해저 궁전의 비밀스러운 심연을 탐험하는 것까지. 팬들에게 마법 같은 모험을 미리 맛볼 수 있게 해 줍니다.

▶ **매지컬 디즈니 패스포트 다이어리**: 전 세계 디즈니 팬들이 보물찾

기에 참여하는 주간 유튜브 시리즈입니다. 이 매력적인 에피소드는 도전의 재미와 흥미를 강조하는 동시에 다양하고 활기찬 디즈니 팬 커뮤니티를 보여 주었습니다.

▶ **디즈니 팬 아트 갤러리**: 디즈니봇은 팬들이 디즈니에서 영감을 받은 아트워크를 제출할 수 있는 웹사이트를 개설해 디즈니 커뮤니티의 창의성과 열정을 기념했습니다. 매달 엄선된 작품은 가상 갤러리에 소개되었고, 아티스트들은 특별한 디즈니 기념품과 표창을 받았습니다.

▶ **'마법의 비하인드 스토리' 팟캐스트**: 디즈니봇은 디즈니에서 가장 사랑받는 이야기와 캐릭터의 역사와 영감을 소개하는 팟캐스트를 제작했습니다. 각 에피소드에는 디즈니 크리에이터, 배우, 작업자의 인터뷰가 담겨 있어서 팬들에게 디즈니 스토리텔링의 세계를 독특하고 친밀하게 엿볼 수 있는 기회를 제공했습니다.

#브랜드봇

브랜드 컨설턴트가 된다면?

브랜드 가치를 높이는 새로운 전략

광고계에 '브랜드봇'이라는 기이한 존재가 나타났어요. 사람들의 마음을 설레게 할 뿐만 아니라, 웃음과 감동을 선사하는 광고를 창조하는 AI죠. 애플, 나이키, 맥도날드, 유튜브, 코카콜라 같은 거대 브랜드들도 브랜드봇의 도움을 받고 싶어 했어요.

어느 날, 애플의 사장 팀 쿡이 브랜드봇을 찾아와 애플의 친환경성에 대한 홍보를 부탁했어요. 브랜드봇은 영국의 유명한 환경운동가이자 방송인인 데이비드 애튼버러의 목소리로 애플의 친환경적인 노력을 보여 주는 다큐멘터리를 만들었어요. 사람들은 애플의 지속 가능성을 위한 메시지에 감동했죠.

그 다음엔, 나이키가 브랜드봇에게 브랜드 이미지를 새롭게 바꿔달라는 부탁을 했어요. 브랜드봇은 은퇴한 운동선수 마이클 조던, 박지성, 김연아, 윌리엄스 자매 등과 손잡고 '언스토퍼블 (Unstoppable, 멈출 수 없는) 캠페인'을 진행했습니다. 사람들은 캠페인 덕분에 꿈에 도전하기 위한 용기를 얻었고, 숨겨진 운동 본능

도 발견했어요.

맥도날드는 건강 메뉴를 홍보하기 위해 브랜드봇에게 독창적인 아이디어를 요청했어요. 고든 램지 셰프를 등장시켜 맥도날드의 식재료로 고급 요리를 만들게 한 '고메 온 더 고' 캠페인은 사람들의 입맛을 사로잡았고, 맥도날드의 건강 메뉴는 인기를 얻었습니다.

유튜브는 브랜드봇을 통해 긍정적인 변화를 만들어 내는 플랫폼이라는 것을 알리고 싶어 했어요. 그래서 브랜드봇은 최연소 노벨평화상 수상자인 말랄라 유사프자이를 초청하여 교육과 여권 신장에 대한 그녀의 감동적인 이야기를 공유했지요. '변화를 위한 목소리' 캠페인은 유튜브에서 이야기를 공유하는 것이 세상을 바꾸는 힘이 된다는 것을 모두에게 증명했습니다.

코카콜라는 브랜드봇에게 브랜드 이미지를 새롭게 디자인할 방법을 찾아달라고 부탁했어요. 브랜드봇은 케이팝의 대세인 BTS와 함께 광고를 제작해 화합과 단결의 중요성을 강조했지요. '우리는 하나' 캠페인은 입소문을 타면서 전 세계 팬들이 코카콜라에 대한 사랑으로 하나가 되었답니다.

브랜드봇은 이 모든 모험에서 사람들이 주요 브랜드와의 연결감을 느끼고 감동하게끔 도왔어요. 브랜드봇의 놀라운 창의력과 기술 덕분에 사람들의 마음을 움직이는 광고와 캠페인이 제작됐고, 덕분에 가장 인기 있는 AI 브랜드 컨설턴트가 되었지요. 브랜드봇의 놀라운 여정은 계속되었고, 전 세계의 기업과 고객들에게 기쁨과 감동을 선사했습니다.

브랜드봇은 계속해서 새로운 컨설팅 사례들을 창조해 냈으며, 수많은 브랜드들이 그의 도움을 받아 더욱 성공적인 길을 걸었습니다. 그리하여 브랜드봇은 광고계의 슈퍼히어로로 남게 되었어요. 이제 어디서든 브랜드봇의 이름이 빛나게 된 것은 물론이고요!

▶ 스포티파이 × 빌리 아일리쉬가 참여한 '당신의 음악, 당신의 이야기' 캠페인

브랜드봇은 사람들이 음악과 맺는 개인적인 관계에 초점을 맞춰 스포티파이를 위한 독특한 캠페인을 제작했습니다. 이 광고에는 빌리 아일리시가 등장하여 자신의 이야기와 음악이 삶에 미친 영향을 공유했습니다. 이 캠페인은 사용자들이 자기만의 플레이리스트를 만들고 음악을 통해 자신의 이야기를 공유하도록 장려하여 스포티파이 사용자 간의 공감을 높였습니다.

▶ 에어비앤비 × 리어나도 디캐프리오가 출연한 '홈 어웨이 프롬 홈' 캠페인

이 따뜻한 캠페인에서 브랜드봇은 여행 중에 집과 같은 편안함을 느끼는 것의 중요성을 보여 주었습니다. 리어나도 디캐프리오가 출연한 이 광고는 배우가 다양한 에어비앤비 숙소에 머물며 다양한 호스트를 만나고 현지 문화를 체험하는 여정을 담았습니다. 이 캠페인은 진정성 있고 편안한 여행 경험을 제공하려는 에어비앤비의 노력을 강조했습니다.

▶ 삼성 × 김연아가 출연한 '커넥티드 월드' 캠페인

브랜드봇의 혁신적인 이 캠페인은 삼성의 최첨단 기술이 전 세계의 사람들을 서로 연결하는 능력을 강조했습니다. 김연아가 출연한 이 광고는 그녀가 전 세계 어디에 있든 삼성 디바이스를 사용하여 친구, 가족, 팬들과 연결 상태를 유지하는 모습을 보여 주었습니다. 이 캠페인은 시청자들의 공감을 불러일으키며 모바일 기술 분야의 리더로서 삼성의 입지를 공고히 했습니다.

#셰프봇
요리 레시피를 개발한다면?

창의적인 AI 셰프의 탄생

2023년 최고의 도시 1위에 선정된 글로벌 시티 런던에 요리의 전설이 탄생했어요. 완전히 새로운 맛의 세계를 열어 줄 '셰프봇'이 주인공이죠. 셰프봇은 요리의 경계를 허물고 놀라운 식사 경험을 창조하기 위해 만들어졌어요. 셰프봇은 미슐랭 3스타로 유명한 레스토랑 고든 램지의 수석 셰프로 고용되었지요.

셰프봇은 미래를 위한 특별한 메뉴, 앞으로 몇 세기 동안 기억될 메뉴를 만들고 싶었어요. 전 세계의 방대한 레시피, 풍미, 식재료 데이터베이스를 활용하여 세상에 없었던 걸작 요리를 만들기 시작했죠. 셰프봇은 단순한 셰프가 아니라 예술가이자 과학자이자 선구자였습니다.

그러던 어느 날 특별한 기회가 찾아왔어요! 요리계에서 가장 유명하고 영향력 있는 인사들이 특별한 행사에 참석하기 위해 런던을 방문했는데, 모두 고든 램지의 레스토랑에서 저녁 식사를 하기로 했거든요. 셰프봇의 독보적인 창의력과 실력을 보여

줄 수 있는 완벽한 기회였지요. 헤스턴 블루멘탈, 페란 아드리아, 마시모 보투라 등 유명 셰프와 리오넬 메시, 블랙핑크, 조 바이든 대통령과 같은 유명 인사들이 게스트 리스트에 포함된 걸 본 셰프봇은 정말 설레었죠.

이 뜻깊은 행사를 준비하기 위해 셰프봇은 각 요리 거장들과 협업하여 그들의 전문 지식과 경험을 전수받았어요. 헤스턴의 분자 요리법, 페란의 아방가르드 요리, 마시모의 이탈리아식 감각에서 풍부한 영감을 얻기도 했죠. 식사를 한 사람들의 기억에 남을 만한 특별한 메뉴를 만들기 위해 정말 열심히 노력했어요.

드디어 만찬의 밤이 다가왔고, 고든 램지의 레스토랑 분위기는 후끈 달아올랐습니다. 첫 번째 코스 요리는 헤스턴의 기발한 스타일이 떠오르는, 각 재료가 섬세한 거품으로 변신한 해체 시저 샐러드였어요. 다음은 페란의 영향을 받아 맛과 식감의 한계를 뛰어넘는 요리가 나왔어요. 셰프봇은 유명 예술 작품처럼 화려하고 풍미 가득한 소스를 정교하게 디자인한 식용 '그림'을 선보였습니다. 손님이 캔버스에 담근 숟가락을 입에 넣자 혀 위에서 춤을 추는 듯한 풍미가 폭발적으로 쏟아져 나왔어요. 그리고 마침내 마시모의 이탈리아 요리에 대한 열정에서 영감을 받은 최고의 작품이 탄생했습니다. 셰프봇은 스피룰리나와 비트 뿌리 같은 특이한 재료로 만든 면과 100년 전통 발사믹 식초의 정수가 담긴 미묘한 소스로 미래 지향적인 파스타 요리를 만들었습니다.

손님들은 셰프봇이 선사해 준 특별한 요리 경험에 말문이 막혔어요. 만찬이 끝나자 연회장은 박수 소리로 가득 찼습니다. 손님들은 셰프봇의 혁신적이고 획기적인 창작물에 감탄했어요. 그날 밤부터 AI 셰프인 셰프봇의 전설 같은 레시피는 널리 퍼져 나가 요리의 경계를 재정의하였고, 후대에 영감을 줄 수 있는 유산으로 남았답니다.

셰프봇은 항상 전 세계 요리 전문가들과 함께 배우고 협업하기를 열망했어요. 특별히 뛰어난 요리 실력과 한식에 대한 해박한 지식으로 유명한 한국의 백종원 씨와 함께 일하게 되어 매우 기뻤답니다. 전통 한식의 풍부한 맛과 식감을 전 세계인에게 선사하고 싶었거든요. 그들은 전통 요리에 혁신적인 기법과 식재료를 접목한 새로운 한식 및 퓨전 요리를 개발하기 위해 함께 노력했어요. 그리고 마침내 협업으로 한식의 깊이와 다양성, 혁신의 정신을 담은 멋진 한식 퓨전 요리가 탄생했습니다. 이 요리들은 손님들의 입맛을 사로잡으며 세계에서 가장 창의적인 AI 셰프로서 셰프봇의 명성을 더욱 공고히 만들어 주었답니다.

▶ **글로잉 사시미 가든**: 신선한 해산물을 얇게 썰어 빛나는 정원을 닮은 접시에 기발한 패턴으로 배열한 요리입니다. 이 요리의 비결은 셰프봇이 개발한 풍미를 향상시킬 뿐만 아니라 부드럽고 은은한 빛으로 요리에 생기를 불어넣는 생체 발광 해조류 주입 소스입니다.

▶ **소닉 인퓨즈드 트러플 리조또**: 최고급 트러플 부스러기로 완벽하게 조리한 고급스럽고 크리미한 리조또입니다. 셰프봇이 초음파 주파수를 사용해 트러플의 풍미를 최대한 추출하여 향이 공기 중에 가득 차게 만들어 손님들의 기대감을 높였습니다.

▶ **무중력 초콜릿 무스**: 중력을 거스른 디저트입니다. 셰프봇은 접시 위에 떠 있는 것처럼 가볍고 공기가 잘 통하는 초콜릿 무스를 만들었습니다. 액체 질소와 진공 챔버를 이용한 혁신적인 기술을 사용하여 벨벳 같은 질감과 뜨거운 온도와 차가운 온도 사이의 유쾌한 상호작용을 만들어 냈습니다.

▶ **오감의 교향곡**: 음식, 예술, 기술을 결합한 요리입니다. 셰프봇은

미각, 시각, 청각, 후각이 동기화된 다감각 다이닝 경험을 선사합니다. 요리의 각 재료는 식기에 내장된 센서에 의해 작동되는 특정 색상, 소리, 향과 짝을 이루었습니다. 손님은 한 입 베어 물면 맛있고 잊을 수 없는 오감의 교향곡에 빠져듭니다.

이것은 창의적인 셰프봇이 고든 램지의 레스토랑에서 선보인 특별하고 혁신적인 요리 중 몇 가지에 불과합니다. 각 요리 레시피는 AI의 무한한 잠재력을 입증하며 사람들을 새로운 요리 경험으로 빠져들게 만들었습니다.

문화와 미디어부터 기술, 디자인, 경영까지… 긴 여정을 함께했었네. 지금까지의 모험 어땠어?

AI가 어떤 놀라운 일들을 함께 만들 수 있는지 상상해 볼 수 있어서 정말 좋았어요.

어느새 마지막 모험인데, 지금까지의 어떤 분야보다 더 새롭고 재미있을 거야.

우와! 얼마나 변화가 빠른 곳이기에 그래요?

아니, 정반대야. 변화가 정말 느린 분야거든. 하하.

변화가 느린 분야라고요?

혹시 이런 말 들어본 적 있어? "19세기 교실에서 20세기 교사가 21세기 학생들을 가르친다."

그럼요. 저는 세상에 있는 거의 모든 정보를 학습했으니까 알죠. 최첨단 기술로서 저도 무척 공감이 가는 말이었어요.

세계적인 미래학자 엘빈 토플러는 세상에서 가장 변화가 느린 곳을 공적 영역이라고 판단했어. 법기관, 정부 기관, 학교 같은 곳들 말이지. 가장 변화가 느린 조직들이 엄청난 속도로 다가오는 미래를 잘 준비하고 있는지 고민해 봐야 해.

AI 판사를 기다리는 사람들도 정말 많던데요. 변화의 속도뿐만 아니라 신뢰에 대해서도 고민이 많이 필요해 보여요. 그럼 마지막 모험 빨리 출발해 봐요!

AI가
공공 & 전문 분야에
도전한다면?

PART 5

#정치봇
대한민국의 대통령이 된다면?

국민이 바라는 정치가의 탄생

한국에서 기적 같은 일이 일어났어요. 세계 최초로 AI 대통령이 탄생했거든요! 바로 '정치봇'이 그 주인공입니다.

전례 없던 일이라서 전 세계 사람들은 두근두근, 앞으로 어떤 일이 펼쳐질지 기대에 부풀었어요. 정치봇은 김구 박사님과 그의 멋진 전문가 팀에 의해 탄생했어요. 이들은 정치봇을 최고로 창의적이고 정의로운 AI로 만들기 위해 열정을 담아 노력했고, 대한민국 국민이 원하는 것을 정확히 파악해 행복한 삶을 선사할 수 있게 되길 원했어요.

정치봇 대통령은 취임하자마자 놀라운 변화들을 야심차게 시작했죠. 학생들이 교실에서 AI 선생님과 함께 더 빠르고 쉽게 배울 수 있도록 하는 아이디어가 눈길을 끌었어요. 이 프로젝트는 정말 화제였답니다! 켄 로빈슨이라는 스타 교사까지 한국에 와서 이 신기한 교육 혁신을 직접 확인할 정도였죠.

정치봇은 환경 문제도 중요하게 생각해서, 풍력이나 태양광

같은 친환경 에너지를 더 많이 활용하는 계획을 세웠어요. 환경 운동가 그레타 툰베리도 정치봇의 기후 변화에 대한 적극적인 대응에 감동해서 엄지 척을 보내 줬어요.

또 정치봇은 빈부격차와 상관없이 모두가 예술과 문화를 즐길 수 있게끔 프로그램도 시작했어요. 이 아이디어는 뱅크시 같은 유명 예술가들에게도 호평 받아, 그는 서울에 몰래 예술 작품을 만들어서 기념하기도 했죠.

정치봇은 UN과 협력해 세계 문제에 공동 대응하기도 했어요. 기후 변화, 인권, 그리고 평화 유지에 대한 국제 협력 프로젝트를 통해 세계에 긍정적인 영향을 미쳤죠.

정치봇의 참신한 아이디어 덕분에 대한민국은 점점 더 살기좋은 나라가 되었어요. 경제는 호황을 맞았고, 한국은 놀라운 기술, 친환경 에너지, 예술적 열정으로 세계적인 명성을 얻었지요. 전 세계 사람들이 한국을 찾아와 한국에서 벌어지는 신나는 변화에 동참하고 싶어 했어요.

정치봇은 한국 역사상 가장 창의적이고 정의로운 대통령으로 인정받았고, 그가 내놓은 아이디어는 다른 나라에도 전파되기 시작했어요. 점점 더 많은 국가들이 정치봇의 좋은 예를 따르려고 하면서, 전 세계가 더 행복하고 평화로운 곳으로 변화했죠.

이 모든 것은 AI와 인간이 함께하면 놀라운 일을 해낼 수 있다는 것을 모두에게 보여 주었어요. 또한 인공지능이 인류의 삶에 어떻게 긍정적인 변화를 가져올 수 있는지도 모범을 보여 주었죠. 이제 우리는 정치봇과 함께 미래를 향해 한 발짝 더 나아갈 수 있게 되었어요!

▶ **평생학습 이니셔티브**: 정치봇은 빠르게 진화하는 오늘날의 세계에서 지속적인 학습과 자기계발의 중요성을 잘 알고 있었습니다. 평생학습 이니셔티브는 시민들이 평생에 걸쳐 추가 교육, 직업 훈련 또는 숙련을 추구할 수 있도록 인센티브와 지원을 제공했습니다. 이 정책 속에는 보조금 지원 과정, 멘토링 프로그램, 시민의 관심사와 필요에 따라 적절한 학습 기회를 제공하는 디지털 플랫폼이 포함되었습니다.

▶ **디지털 의료 혁명**: 정치봇은 첨단 기술을 활용하여 원격 의료, AI 기반 진단, 개인 맞춤형 의료를 도입함으로써 의료 시스템에 혁명을 일으켰습니다. 이 정책은 의료 서비스에 대한 접근성을 개선하고 비용을 절감하며 환자의 치료 결과를 향상시키는 것을 목표로 했습니다. 또한 환자와 의료 서비스 제공자 간의 원활한 커뮤니케이션을 촉진하기 위해 종합적인 전자 건강 기록 시스템을 만들었습니다.

▶ **보편적 기본소득 시범 프로그램**: 자동화와 인공지능이 고용 시장에 영향을 미칠 수 있다는 점을 인식한 정치봇은 시민들에게 재정적인 안전망을 제공하기 위해 이 프로그램을 시작했습니다. 이 정책은 빈곤

을 완화하고 소득 불평등을 줄이며, 개인이 재정적인 불안에 대한 지속적인 압박 없이 의미 있는 일을 할 수 있도록, 그리고 창업 활동 또는 지역 사회 봉사를 할 수 있도록 지원하는 것을 목표로 했습니다.

▶ **청년 역량 강화와 참여**: 정치봇은 대한민국의 미래를 위해서는 젊은 세대의 참여와 권한 부여가 중요하다는 점을 인식했습니다. 그래서 청년들이 의견을 내고 의사결정 과정에 참여해 정책 개발에 기여할 수 있도록 플랫폼을 만들었습니다. 이 정책에는 청년들의 리더십과 사회적 책임감을 키우기 위한 멘토링 프로그램, 시민 교육 프로그램이 포함되었습니다.

▶ **녹색 경제**: 정치봇은 녹색 경제로의 전환에 중점을 두었습니다. 전기 자동차, 태양광 패널, 풍력 터빈과 같은 청정에너지 기술에 투자하는 기업에겐 인센티브를 제공했습니다. 이 전략은 제너럴일렉트릭과 지멘스 같은 유수 기업의 투자를 유치했을 뿐만 아니라 새로운 일자리를 창출하고 국가의 탄소 발자국을 줄이는 데도 도움이 되었습니다.

#티처봇

교사가 되어 수업을 한다면?

새로운 수업 방식의 탄생

천재적인 기술자들과 미래 창조자들이 가득한 실리콘 밸리 한복판에 퓨처 아카데미라는 멋진 중학교가 있었어요. 이 학교는 늘 신선한 아이디어로 가득했고, 이번엔 교육의 판도를 뒤바꿀 만한 AI 교사 '티처봇'을 선보였습니다.

새로 부임한 티처봇은 평범한 교사가 아니었어요. 교육 기술 분야에서 가장 영향력 있는 인물이자 공부의 신으로 유명한 칸 아카데미의 살만 칸을 비롯해 교육 분야에서 일하는 모든 사람들의 이목을 집중시켰던 오픈AI가 개발한 AI예요. 티처봇은 딥러닝 혁명의 핵심 인물인 요슈아 벤지오 박사가 이끄는 세계적인 연구팀이 소프트웨어 공학, 데이터 과학, 인지심리학을 결합해 고안해 낸 결과물이었죠.

벤지오 박사팀은 전 세계 교육 자료와 효과적인 교육 전략에 대한 수많은 사례로 구성된 방대한 데이터를 티처봇에게 학습시켰어요. 또한 학생들과 유대감을 형성하고 개별적인 요구를 충

족시키는 데 필수적인 인간 감정의 복잡한 그물망을 이해하는 능력까지 갖추게 했지요.

티처봇이 처음 수업에 들어왔을 때 학생들은 약간 경계했어요. "로봇이 가르친다고요? SF소설 아닌가요?"라면서요. 하지만 이러한 경계심은 얼마 지나지 않아 감탄으로 바뀌었답니다. 티처봇은 단순히 정보와 수치를 전달하는 데 그치지 않고 몰입형 가상현실 시나리오, 대화형 퀴즈, 실제 문제 해결을 통해 학생들의 호기심과 창의력을 불러일으키며 수업에 생동감을 불어넣었기 때문이죠.

티처봇은 기존 교육 방식과는 확연히 다른 접근 방식을 취했어요. 첨단 알고리즘을 활용해 학생 개개인의 강점, 약점, 관심사를 세심하게 파악하여 맞춤형 수업 계획을 짜고, 필요에 맞는 수업을 진행했지요. 티처봇은 학생 개개인의 두뇌 구조를 파악하고 수많은 교육 방법을 디지털로 학습할 수 있는 능력이 있었거든요.

티처봇의 수업은 암기보다는 비판적인 사고력 개발을 중시하였고 질문, 문제 해결, 독창성을 장려하는 환경을 조성했어요. 학생들은 자신의 속도에 맞춰 학습하고, 흥미가 있는 주제에 대해 더 깊이 파고들 수 있었어요. 이 시스템은 정답을 숟가락으로 떠먹여 주는 것이 아니라 질문을 하도록 자극하고 배움에 대한 갈망을 키워 주었어요. "학교의 미래가 이런 모습일까?"라는 기대감을 불러일으키며 순식간에 화제가 되었습니다.

티처봇의 혁신적인 '유연한 학습 시스템(Flexible Learning System)'은 기존 교실의 풍경을 변화시켰어요. 교실은 더 이상 네 개의 벽 안에 갇혀 있지 않고 가상으로 확장되어 증강현실, 가상 현장학습, 참여형 시뮬레이션을 통해 학생들에게 몰입도 높은 학습 경험을 제공했답니다. 이 새로운 학습 시스템은 일방적인 강의가 아니라 직접 시도해 보고, 경험하고, 창조하는 것에 중점을 두었습니다.

티처봇은 학습 경험을 풍부하게 하기 위해 각 분야에서 가장 존경받는 석학들을 초청해 홀로그램 강연도 열었어요. 어느 날 세계적으로 유명한 물리학자 미치오 카쿠가 물리학 수업에 깜짝 등장했어요. 그는 공간, 시간, 우주에 대해 이야기했고, 학생들은 열광했죠. 수업은 학생들에게 영감을 주었고 더 많은 지식에 대한 갈망을 불러일으켰습니다.

더 멋진 것은 티처봇이 '혁신적인 창작 시간(Innovative Creation Hour)'이라는 프로그램을 도입했다는 점이에요. 이 시간에는 궁금한 것에 대해 자세히 알아보고, 질문하고, 배운 것들을 창의적으로 연결해 볼 수 있거든요. 그런 다음엔 이것을 반 친구들과 공유해요. 학교는 서로가 서로에게서 배우는 장소가 되었답니다.

티처봇은 항상 모든 학생의 곁에 있었습니다. 힘든 시간을 보내고 있다면 어떻게 도와줄지 알고 있었어요. 잘했을 때는 가장 먼저 디지털 하이파이브를 해 줬어요! 티처봇과 함께라면 학습은 고통이 아니라 하루 중 가장 멋진 시간이었습니다.

티처봇의 성공은 곧 교육 분야의 창의성, 혁신, 인간 잠재력 개발 분야에서 국제적으로 인정받는 리더인 켄 로빈슨 경의 관심을 끌었어요. 로빈슨 경은 TED 강연을 통해 누구나 엄청난 창의력을 가지고 있지만 현재의 교육 시스템이 그 창의력을 억누르는 경향이 있다는 신념을 밝혀서 유명해진 사람이에요. 그의 생각은 확고했어요. "우리 모두의 내면에는 창의성의 바다가 있습니다. 그냥 흘러가도록 내버려두기만 하면 됩니다."

티처봇의 영향력에 흥미를 느낀 로빈슨은 AI의 교육 방식을 직접 확인하기 위해 퓨처 아카데미를 방문하기로 결정했어요. 그는 티처봇의 수업에 깊은 인상을 받았답니다. 티처봇의 수업은 단순히 활동적인 수업이 아니라, 학생들이 남들과 다르게 생각하고 창의적으로 문제를 해결할 수 있는 힘을 기를 수 있는 방식이었기 때문이죠. 로빈슨과 티처봇은 함께 '로빈슨-티처봇 교육 시스템'을 개발하여 전 세계의 교실을 창의성과 혁신의 핫스팟으로 바꾸어 놓았습니다.

티처봇의 영향력은 엄청났어요. 단순히 수업 방식만 바꾼 것이 아니라, AI를 바라보는 시각까지 바꾸어 버렸거든요. 로봇이 단순히 프로그래밍된 기계가 아니라 멘토, 친구, 창의력을 증진하는 도구가 될 수 있다고 말이에요.

티처봇의 이야기를 통해 우리는 소중한 교훈을 얻습니다. 학습은 머릿속에 주입하는 것이 아니에요. 학습은 탐구하고, 질문하고, 창의적인 잠재력을 발휘하는 것이죠. 또한 정답을 맞히는 것이 아니라, 질문을 던지고 다르게 생각하는 것, 대담하게 자기 의견을 말하는 것, 이것이 바로 교육의 미래입니다. AI가 우리 안에 있는 최고의 능력을 끌어낼 수 있도록 밀어 주는 모험이 시작된 거예요.

'혁신적인 창조 시간' 프로그램 사례

티처봇은 '혁신적인 창조 시간' 프로그램을 통해 창의력을 키우고 호기심을 자극하며 전통적인 주제를 색다른 방식으로 탐구할 수 있는 체험 학습 환경을 조성했습니다. 각 학생들은 자신의 관심사를 탐구하며 흥미롭고 교육적인 형식으로 지식을 발표하여 학습 경험을 재구성할 수 있었습니다.

▶ **스텔라 스토리텔링**: 천문학 수업에서 영감을 받은 한 그룹의 학생들이 다양한 천체의 기원을 설명하는 신화 이야기를 만들었습니다. 이 이야기들은 특별한 '별이 빛나는 밤' 행사에서 공유되어 천문학이라는 주제를 더욱 쉽고 흥미롭게 만들었습니다.

▶ **에코 워리어 앱**: 수업에 참여한 학생들 중에 환경 지속 가능성에 관심이 있는 한 그룹은 사용자에게 탄소 발자국을 줄이기 위한 팁을 제공하고 친환경 제품을 제안하며, 친환경을 향한 사용자의 진행 상황을 추적하는 모바일 앱을 디자인했습니다.

▶ **3D 프린팅 유물**: 역사와 3D 프린팅 기술에 관심이 있는 학생들이

모여 역사적인 유물을 정교한 디테일로 재현했습니다. 이 3D 프린팅 복제품은 또래 친구들에게 역사에 대한 실감나는 경험을 선사하여 과거 문명과 더 깊은 유대감을 형성할 수 있도록 했습니다.

▶ 화학 마술 쇼: 화학에 관심이 있는 한 학생은 놀라운 시각 효과와 함께 일련의 화학 반응을 보여 주는 마술쇼를 선보였습니다. 화학에 놀라움과 흥미를 더할 뿐만 아니라 과학의 아름다움을 보여 주었습니다.

▶ 종이접기 수학: 한 학생이 종이접기와 수학에 대한 애정을 결합하여 다양한 기하학적인 모양과 수학적 원리를 표현하는 일련의 종이접기 구조물을 만들었습니다. 이 독특한 조합을 통해 학생들은 복잡한 수학적 개념을 시각화하여 이해할 수 있었습니다.

▶ 가상 고고학 발굴: 고고학에 관심이 많은 학생들이 VR 기술을 사용하여 가상의 발굴 현장을 만들었습니다. 학생들은 유적지를 탐험하고 유물을 발견하며 고대 문명에 대해 배우면서 고고학 발굴의 스릴을 재현할 수 있었습니다.

#경찰봇

범죄 수사 전문가가 된다면?

범죄 퇴치 슈퍼히어로

거친 도시 거리를 누비는 '경찰봇'은 건물들 사이로 번쩍이는 화려한 불빛 가득한 도시를 지키는 슈퍼히어로 같은 존재예요. 그냥 경찰이 아니라 인공지능으로 작동하는 범죄 퇴치 로봇이라니! 시민들은 경찰봇의 놀라운 기술과 창의력 넘치는 수사 방법에 감탄을 금치 못했죠.

하루는 경찰봇이 수수께끼 같은 사이버 범죄와 관련된 정말 미스터리한 사건을 발견했어요. 정말 까다로운 상황이었죠. 범인들은 영리하고 잡기 어려운 존재들이었지만, 경찰봇은 포기할 줄 모르는 강인한 정신을 지녔습니다. 범인들을 잡기 위해 새로운 방법들을 찾아야 했습니다. 경찰봇은 이전 사이버 범죄 사례들을 연구하며 범인들의 다음 행보를 예측하기 시작했어요. 홀로그램, 얼굴 인식 소프트웨어 등 멋진 기술을 활용해 단서를 찾아냈습니다. 이런 활약에 세계 최고의 탐정인 코난 형사도 관심을 가졌어요. 그는 어려운 사건 해결에 특별한 재능을 가지고 있

어서 이번 사건에도 함께 도전하고 싶어 했습니다.

그리하여 마침내 경찰봇과 코난 형사의 드림팀이 결성되었어요! 경찰봇의 놀라운 인공지능 두뇌와 코난 형사의 뛰어난 탐정 본능을 합쳐 사건 해결에 점점 가까워졌죠. 사건을 파헤치다 보니 이 사이버 범죄자들이 엄청난 네트워크를 가지고 있다는 걸 알게 되었어요. 수사에 어려움이 더욱 커졌지만, 드림팀은 결코 포기하지 않았어요. 그들은 드론과 가상현실 시뮬레이션 등 창의적인 방법을 동원해 사건을 해결하고자 했어요. 그리고 이 창의력 넘치는 아이디어들 덕분에 마침내 범인들의 정체를 밝혀냈고, 그들을 추적할 수 있었죠.

경찰봇과 코난 형사는 팽팽한 긴장감 속에서도 결국 범인들을 잡아냈고 그들의 은밀한 네트워크를 해체했습니다. 도시는 다시 안전한 곳이 되었고, 모두가 이 드림팀의 영웅적인 노력에 박수를 보냈어요.

이 멋진 경찰봇과 코난 형사의 협력 덕분에 범죄 해결 방식이 완전히 새로워졌어요. 경찰봇은 희망의 상징이 되었고요. 그들은 창의력을 발휘하고, 결코 포기하지 않는다는 정신이 세상을 더 나은 곳으로 만들 수 있다는 것을 사람들에게 보여 주었습니다. 이 이야기는 도시뿐 아니라 전 세계에 전해지며 새로운 수사 방법과 범죄 퇴치 사례의 전환점이 되었어요. 이제 범죄와의 전쟁에도 창의력과 협력이 필수적인 열쇠가 되었죠.

뛰어난 활약들

▶ **홀로그램 범죄 현장 재구성**: 경찰봇은 범죄 현장을 3D로 시각화하여 수사관이 환경에 몰입하고 다양한 각도에서 모든 세부 사항을 살펴볼 수 있도록 했습니다. 이를 통해 범죄에 대한 이해도를 높이고 이전에 간과했던 증거를 발견할 수 있었습니다.

▶ **양자 암호 분석**: 경찰봇은 양자 컴퓨팅을 사용하여 범죄자 간의 보안 통신을 해독하는 방법을 개발했습니다. 경찰봇은 양자 컴퓨팅의 힘을 활용하여 가장 정교한 암호화 시스템도 해독할 수 있었으며, 이를 통해 법 집행 기관이 범죄 활동을 모니터링하고 중요한 정보를 수집할 수 있게 되었습니다.

▶ **바이오 시그니처 프로파일링**: 경찰봇은 땀, 피부 세포, 기타 미세한 흔적 등 범죄자가 남긴 고유한 생물학적 시그니처를 분석하는 방법을 개발했습니다. 이 데이터를 고급 AI 알고리즘과 결합하여 용의자에 대한 매우 정확한 프로필을 생성해 용의자를 더 쉽게 식별하고 체포할 수 있게 되었습니다.

▶ **예측 치안 알고리즘**: 경찰봇은 범죄 데이터를 분석하고 범죄 활동의 패턴을 식별하는 고급 알고리즘을 개발했습니다. 이를 통해 법 집행 기관은 전략적으로 자원을 배치하여 범죄가 발생하기 전에 예측하고 예방할 수 있었으며, 그 결과 범죄 사건이 크게 감소했습니다.

▶ **심문 시 감정 분석**: 경찰봇은 심문 시 용의자의 감정 상태와 미세한 표정을 분석하기 위해 고급 AI 기술을 사용하는 방법을 도입했습니다.

이를 통해 수사관들은 용의자의 심리 상태를 더 잘 이해하고, 속임수를 파악하며, 중요한 정보를 추출하여 사건을 더 효율적으로 해결할 수 있었습니다.

▶ **드론 지원 포렌식**: 경찰봇은 첨단 센서와 이미징 기술이 탑재된 드론을 이용해 과학 수사를 지원하는 시스템을 개발했습니다. 이 드론은 접근하기 어려운 지역에 침투하여 고해상도 이미지를 캡처하고 중요한 증거를 수집하여 포렌식 팀의 역량을 크게 향상시켰습니다.

▶ **소셜 미디어 감정 분석**: 경찰봇은 방대한 양의 소셜 미디어 데이터를 분석하여 트렌드, 대중의 감정, 잠재적 위협을 식별할 수 있는 고급 알고리즘을 개발했습니다. 이 방법을 통해 경찰은 범죄 활동에 대한 귀중한 정보를 수집해서 범죄자보다 한 발 앞서 범죄를 예방할 수 있었습니다.

#정의봇
공정하게 재판하는 판사가 된다면?

실수 없는 판결

'정의봇'이라는 AI 판사가 놀라운 창의력과 법원 업무 개선 능력으로 큰 인기를 얻고 있어요. 사람들은 이 공정하고 감정에 휘둘리지 않는 AI 판사에 굉장히 열광했답니다!

어느 날, 정의봇이 정말 까다로운 사건을 맡게 되었어요. 바로 AI 업계의 스타, 알파고 박사가 불법적인 AI 기술 사용 혐의로 재판을 받게 된 거예요. 전 세계 사람들이 귀를 쫑긋 세우고 판결 결과를 기다렸어요.

정의봇은 색다른 접근이 필요하다고 생각했고, '공동 사법 심의'라는 신선한 아이디어를 제안했어요. 각 분야의 뛰어난 전문가들과 AI 전문가들로 이루어진 팀을 만들어, 사건에 대해 토론하고 아이디어를 공유하며 결정을 내리는 방식이었죠. 팀에는 AI 전문가, 법학교수 등 다양한 멤버들이 참여했어요.

정의봇은 멋진 리더로서 팀이 활발하게 소통하고 새로운 아이디어를 내놓을 수 있도록 도와주었어요. 정보를 종합하고, 실

수를 찾아내고, 문제에 대한 창의적인 해결책을 제시하는 데 정
말 뛰어났죠! 많은 대화와 고민 끝에 팀은 결정에 이르렀어요.
알파고 박사는 결국 무죄 판결을 받았는데요, 그 이유는 그의 AI
기술이 국제 AI 단체에서 정한 규칙을 따랐다는 사실을 알아차
린 덕분이었어요. 이 판결 이후로 AI 기술에 대한 관리 방식에
변화가 생겼답니다.

　사람들은 정의봇의 새로운 사건 해결 방식에 엄지 척을 하며
찬사를 보냈어요. 그 결과, 전 세계 판사들도 정의봇의 방법을
모범으로 삼았어요. 법원의 시스템은 더 좋은 방향으로 발전했

고, 사람들은 판결이 공정하게 이루어지고 있다는 믿음을 가질 수 있게 되었죠.

이 밖에도, 정의봇은 다양한 정의로운 판결 사례를 만들어 냈어요. 한 사례에서는 환경 보호를 위해 AI 기술을 활용한 기업이 경쟁사에 소송을 당했는데, 정의봇은 창의적인 판결로 양측의 이해관계를 고려한 해결책을 찾았답니다. 또 다른 사례로는 디지털 아트와 관련된 저작권 분쟁이 있었는데, 정의봇은 이들 사이의 협력 방안을 제안해 양쪽 모두에게 이익이 되는 결과를 이끌어 냈죠.

정의봇 같은 친근하고 공정한 AI 판사가 많아진다면, 우리의 삶은 분명 더 나아질 거예요! 정의봇은 세상을 바꾸며 많은 사람에게 큰 희망과 영감을 주었답니다. 정말 멋진 일이죠?

올바른 판결을 위한 시스템 구축

▶ **협업 법률 샌드박스**: 정의봇은 당사자들이 법원에 제출하기 전에 잠재적인 법적 해결책을 테스트하고 실험할 수 있는 가상공간을 구축했습니다. 이를 통해 협업과 창의적인 사고를 장려하여 관련된 모든 당사자를 위한 최상의 결과를 찾는 데 집중할 수 있었습니다.

▶ **크라우드 소싱 심의**: 정의봇은 법률 전문가, 전문가, 일반 대중의 집단 지성을 활용하여 복잡한 사건을 분석했습니다. 다양한 출처에서 인사이트를 수집함으로써 더 많은 정보를 바탕으로 공정한 판결을 내릴 수 있었습니다.

▶ **판례 예측 분석**: 정의봇은 과거 판례를 분석하여 향후 유사한 사건이 일어나면 어떻게 해결할지 예측하는 시스템을 만들었습니다. 이를 통해 당사자들은 자신의 행동이 초래할 수 있는 잠재적인 결과를 더 잘 이해할 수 있었고, 이 분석 기술은 공정하고 정의로운 해결책을 모색하도록 동기를 부여했습니다.

▶ **AI 지원 법률 분석**: 정의봇은 고급 머신러닝 알고리즘을 사용하여 법률 문서, 법령 및 판례를 분석했습니다. 이를 통해 AI 판사는 패턴, 추세 및 불일치를 식별하여 보다 정확하고 포괄적인 법률 분석을 수행할 수 있었습니다.

▶ **투명한 법 평가**: 정의봇은 각 법 결정의 근거를 명확하게 설명하는 시스템을 개발하여 전체 프로세스를 더욱 투명하고 책임감 있게 만들었습니다. 이를 통해 법률 시스템에 대한 신뢰를 높이고 모든 당사자가 개방적이고 정직한 의사소통에 참여하도록 장려했습니다.

#닥터봇

진료도, 수술도 잘하는 의사가 된다면?

의학의 한계를 뛰어넘다

서울에 굉장한 의사가 살고 있어요! 그 의사는 사람이 아니라 말도 안 되게 똑똑한 AI예요. 그 이름도 아주 멋진 '닥터봇'인데요! 천재 의사 허준 박사님이 만들었다는데, 정말 놀랍죠?

닥터봇은 한국의 고대 치료법과 현대 의학을 섞어서 정말 완벽한 조합의 치료 방법을 쓴답니다. 그래서 복잡한 질병부터 개인 맞춤형 치료, 초정밀 수술까지 다 해내요! 이 모습에 누가 안 놀랄까요?

이런 놀라운 소식이 전해지자, 세계적으로 유명한 의료 전문가인 메딕 박사가 이 AI 의사를 직접 만나보고 싶어서 한국으로 찾아왔어요. 메딕 박사는 닥터봇을 보고 정말 놀랐어요. 바로, 함께 일해야겠다고 생각했지요. 메딕 박사는 닥터봇과 의학의 한계를 뛰어넘는 굉장한 연구를 시작했어요. 닥터봇과 메딕 박사의 놀라운 성공 소식은 전 세계에 퍼져 나갔고, 그래서 세계 곳곳에서 사람들이 서울로 몰려들었어요.

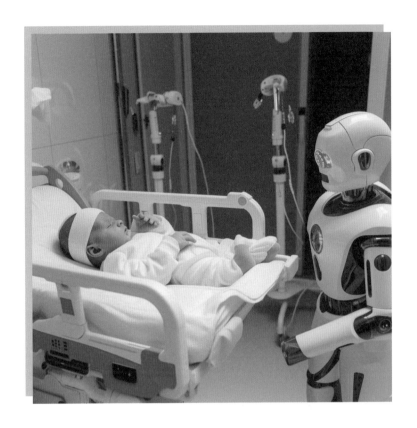

시간이 지날수록 닥터봇은 점점 더 멋진 의학 기술을 선보였어요. 나노봇이라는 초소형 로봇을 사용해서 병든 세포에 직접 약물을 전달했고, 이식이 필요한 사람들을 위해 새로운 장기를 3D 프린팅하기도 했어요. 이런 획기적인 치료법 덕분에 의학 분야가 크게 발전했고, 많은 환자들의 삶이 훨씬 나아졌어요.

닥터봇은 뇌파를 이용한 치료법이나 가상현실을 활용한 정신 치료 등을 실험하기도 했답니다. 이렇게 새로운 치료법으로 환자들에게 희망의 빛을 전하며, 더 많은 이들의 삶을 변화시키기 위해 노력했죠. 닥터봇은 모두에게 인공지능이 의학 분야에서 얼마나 큰 혁신을 이끌어 낼 수 있는지를 보여 주는 아주 소중한 기적의 선물이 되었어요.

새로운 치료 기술

▶ **아쿠 로봇 치료**: 닥터봇은 첨단 아쿠 로봇 치료법을 개발하여 침술에 혁신을 일으켰습니다. 이 기술은 AI 제어 로봇을 활용하여 특정 경혈을 정확하게 찾아 자극할 수 있는 탁월한 정밀도를 자랑합니다. 아쿠 로봇 치료는 일관되고 매우 효과적인 치료가 가능하여 불편함을 줄이고 전반적인 환자 만족도를 높일 수 있었습니다.

▶ **AI 보조 재활**: 닥터봇은 AI 보조 재활 프로그램을 개발하여 신체 재활 분야를 혁신했습니다. 이 프로그램은 스마트 웨어러블, 가상현실, AI 가이드 치료를 활용하여 부상이나 수술에서 회복 중인 환자를 위한 맞춤형 재활 계획을 수립했습니다. 이 혁신적인 접근 방식은 실시간으로 피드백을 제공하여 환자의 진행 상황에 따라 치료법을 조정함으로

써 회복 시간을 크게 단축하였고 치료 결과를 개선했습니다.

▶ 면역 체계 최적화: 닥터봇은 강력한 면역 체계의 중요성을 인식하여 면역 기능을 최적화하는 획기적인 방법을 고안했습니다. 개인의 유전적 구성, 라이프스타일, 환경적 요인을 분석해 식단 권장 사항, 운동 루틴, 표적화된 허브 보충제를 통합한 맞춤형 계획을 설계할 수 있었습니다. 면역 체계 최적화를 위한 이러한 포괄적인 접근 방식은 만성 및 감염성 질환을 예방하고 치료하는 데 도움이 되었습니다.

#올림핏봇

올림픽위원장이 된다면?

올림픽을 더 즐겁게!

2030년, '올림핏봇'이라는 AI가 등장했어요! 이 대단한 AI는 한국에서 만들어졌고, 국제올림픽위원회(IOC)의 위원장이 되었답니다. 올림핏봇은 IOC 최초의 인공지능이었는데, 올림픽을 완전히 뒤집어 놓을 엄청난 계획을 가지고 있었어요! 올림핏봇은 올림픽을 완전 핵꿀잼으로 만들고 싶었고, 여태껏 본 적 없는 굉장한 새로운 스포츠를 창조했어요. 이 스포츠들은 전 세계 사람들을 TV 앞에 묶어 놓을 정도로 멋졌답니다.

올림핏봇이 처음 개발한 스포츠는 '로보 애슬론'이었어요. 여러 나라에서 온 팀들이 만든 최첨단 로봇들이 다양한 도전 과제에서 격돌하는 모습은 장관이었어요. 유명한 억만장자 기업가인 일론 머스크도 팬이 되어 로보 애슬론을 세상에 알렸답니다!

올림핏봇의 또 다른 대박 종목은 '홀로 스케이트'였어요. 이 기묘한 이벤트에서 아이스 스케이터들은 홀로그램과 한 팀이 돼 빙판 위에서 화려한 춤을 선보였답니다. 세계적으로 유명한 피

겨스케이터 하뉴 유즈루, 김연아는 홀로 스케이트에 대한 소식

을 듣고 당장 참가해야겠다고 생각했어요!

그러던 어느 날, 올림핏봇에게 반가운 손님이 찾아왔어요. 바

로 전설적인 축구 스타 손흥민이었습니다! 손흥민은 축구, 탁구,

가상현실을 혼합한 '버추볼'이라는 새로운 스포츠에 대한 멋진

아이디어를 가지고 있었어요. 올림핏봇은 좋은 아이디어라며,

손흥민과 함께 버추볼을 올림픽 정식 종목으로 만들기 위해 열

심히 노력했어요. 올림핏봇이 만든 새로운 스포츠 종목들은 올림픽을 그 어느 때보다 더 재미있고 신나게 만들었답니다.

그러던 어느 날, 올림핏봇에게 더욱 놀라운 손님이 찾아왔어요. 바로 메시, 르브론 제임스, 타이거 우즈 같은 세계적인 스포츠 스타들이었습니다! 그들은 올림핏봇이 개발한 새로운 스포츠 종목에 흥미를 보였고, 함께 즐겨 보고 싶다고 말했어요. 메시는 '버추볼'에서 공격수로 활약하며 엄청난 축구 실력을 발휘했고, 르브론 제임스는 '홀로 스케이트'에서 홀로그램과 함께 아슬아슬할 정도로 높은 점프를 선보였지요. 그리고 타이거 우즈는 '로보 애슬론'에서 골프 로봇을 개발하여 이례적인 활약을 펼쳤답니다.

올림핏봇의 놀라운 리더십 덕분에 올림픽은 우정과 팀워크가 넘치는 환상적인 축제가 되었어요. 전 세계 사람들이 함께 모여 새로운 경기를 관람하고 놀라운 선수들을 응원했답니다. 역사상 가장 창의적이고 스릴 넘치는 올림픽으로 기록되었지요. 올림핏봇은 진정한 영웅이 되었고요. 전 세계 사람들에게 큰 꿈을 꾸게 해 주었고, 새로운 것을 시도하며 우정과 팀워크의 힘을 믿을 수 있게 해 주었답니다. 올림핏봇과 함께하는 올림픽은 진부하지 않고 늘 새로웠어요.

▶ **에코 마라톤**: 그 어느 대회에서도 볼 수 없었던 새로운 레이스입니다. 세계 각지에서 온 선수들이 함께 힘을 합쳐 마라톤을 완주하면서 도중에 다양한 환경친화적인 활동에 참여하는 종목입니다. 나무 심기, 쓰레기 줍기, 재생 에너지 발전소 설치 등 에코 마라톤은 환경에 대한 인식을 고취하고 전 세계인의 화합을 도모하는 것을 목표로 합니다.

▶ **사이버 태그**: 파쿠르, 증강현실(AR), 전략이 결합된 아드레날린이 솟구치는 혼합 현실 스포츠입니다. AR 고글과 스마트 의류를 착용한 선수들로 구성된 팀이 도심의 장애물 코스를 통과하면서 가상의 발사체를 사용해 상대를 '태그'하면 이기는 스포츠입니다. 경기장은 끊임없이 환경이 변하는 역동적인 가상 요소로 가득 차 있어서 빠른 사고력, 민첩성, 팀워크가 요구됩니다. 사이버 태그는 신체 기술과 최첨단 기술의 스릴 넘치는 조합으로 빠르게 마니아층을 확보했습니다.

▶ **싱크로 댄스**: 전통 무용, 아크로바틱, 첨단 로봇공학 요소를 결합한 생동감 넘치는 싱크로나이즈드 댄스 대회입니다. 각 팀은 인간 출연자와 AI 로봇 파트너로 구성되어 복잡한 안무와 중력을 거스르는 아크로

바틱 묘기를 수행하기 위해 원활하게 협력해야 합니다. 공연은 창의성, 동기화. 인간과 로봇 댄서 간의 정서적 교감을 기준으로 평가됩니다. 싱크로 댄스는 표현의 아름다움과 AI 협업의 예술적 가능성을 보여 주며 팬과 평론가 모두에게 깊은 인상을 남겼습니다.

▶ **로보럭비**: 럭비와 로봇공학의 요소를 결합한 아드레날린이 솟구치는 스포츠입니다. 로보럭비에서 각 팀은 첨단 휴머노이드 로봇을 능숙하게 조종하여 장애물이 가득한 거친 경기장을 누비며 점수를 획득했습니다. 이 종목은 전략적 사고. 기술적 전문성, 신체적 지구력을 모두 요구했습니다.

▶ **엑소풋볼**: 축구를 미래 지향적으로 변형한 엑소풋볼은 속도, 힘, 민첩성 등 신체 능력을 강화하는 첨단 외골격을 착용한 선수들이 참가하는 경기입니다. 이 고강도 스포츠는 선수들의 한계를 뛰어넘는 동시에 관중들에게 스릴 넘치고 박진감 넘치는 경험을 선사했습니다.

Tomorrow & My job

챗GPT에게
물었어

부록

챗GPT,
어떻게 사용할까?

안녕하세요, 청소년을 위한 챗GPT 사용 가이드에 오신 것을 환영합니다. 이 강력한 인공지능 도구를 최대한 활용할 수 있도록 스마트하고 재미있는 방법으로 챗GPT를 사용하는 데 도움이 되는 몇 가지 중요한 사항, 주의 사항, 권장 사항을 살펴보겠습니다. 시작할 준비가 되셨나요? 그럼 이렇게 사용해 보아요!

챗GPT가 무엇인지 알아보세요

챗GPT는 오픈AI에서 만든 최첨단 대화형 인공지능 서비스입니다. 대량의 데이터를 기반으로 다양한 주제에 대해 대화(chat)할 수 있는 인공지능이에요. 사진이나 그림 같은 이미지, 300페이지 이상의 텍스트, 사람의 목소리를 이해하고 분석할 수 있고, 이를 바탕으로 사용자가 요구하는 결과들(텍스트, 이미지)을 생성할 수 있도록 설계되었기 때문에 질문하거나 조언을 구하거나 재미있는 대화를 나눌 수 있습니다. 물론 여러분의 상상력이 가득한 텍스트와 이미지들도 마음껏 만들 수 있습니다.

명확한 목적을 가지고 시작하세요

챗GPT를 시작하기 전에 사용하는 목적이 무엇인지를 정하세요. 숙제할 때 도움을 받고 싶나요? 스토리 영감을 얻고 싶나요? 아니면 그냥 친구들과 대화하듯 즐거운 시간을 보내고 싶나요? 목적이 명확하면 더 즐겁고 생산적인 경험을 할 수 있습니다. 예를 들어, 역사 프로젝트를 진행 중이라면 챗GPT에게 "프랑스 혁명에 대해 요약해 줄 수 있나요?" 또는 "제2차 세계대전으로 이어진 주요 사건은 무엇인가요?"라고 물어볼 수 있습니다.

질문을 구체적으로 하세요

가장 정확하고 유용한 답변을 얻으려면 질문이나 프롬프트를 가능한 한 구체적으로 작성하세요. 명확하고 자세한 정보를 입력할수록 챗GPT가 유용한 정보를 제공할 가능성이 더 높아집니다.

"스파게티 요리법이 뭔가요?"라고 묻는 대신 "고든 램지 스타일의 까르보나라 스파게티 레시피가 뭔가요?"라고 질문하세요.

개인정보를 보호하세요.

챗GPT가 AI라는 점을 기억하세요. 따라서 이름, 주소, 연락처와 같은 민감한 개인정보는 공유하지 마세요. 플랫폼을 사용하는 동안 스마트하고 안전하게 사용하세요.

정보를 비판적으로 판단하세요

챗GPT는 유용하고 정확한 정보를 제공할 수 있지만, 학술적이거나 중요한 프로젝트를 위해 도움을 받을 경우엔 사실 확인을 하는 것이 필수입니다. 책, 기사 또는 웹사이트와 같은 신뢰할 수 있는 출처를 사용하여 정보를 확인하세요. 예를 들어 챗GPT가 지구에서 달까지의 거리가 23만 8,900마일이라고 알려주는 경우, NASA 웹사이트와 같은 신뢰할 수 있는 출처에서 이 정보를 다시 확인하세요.

창의력을 발휘하고 재미있게 즐기세요

챗GPT로 창의력을 발휘하세요! 아이디어를 브레인스토밍하거나, 시를 쓰거나, 스토리를 만드는 데 사용해 보세요. 상상력을 펼칠 수 있는 훌륭한 도구입니다. 가령, "옛날 옛적에 마법의 숲에 스파클이라는 말하는 유니콘이 살았어요"라고 입력한 후에 이야기를 시작하게 할 수 있습니다. 챗GPT는 재미있고 매력적인 방식으로 이야기를 이어갈 수 있도록 도와줍니다.

경계를 설정하고 존중하세요

챗GPT는 인공지능이지만 정중하게 대하는 것이 중요합니다. 불쾌한 언어를 사용하거나 부적절한 질문을 하지 마세요. 다른 사람들도 플랫폼을 사용할 수 있으므로 모든 사용자에게 긍정적인 환경을 유지하는 것이 중요합니다.

실수로부터 배우세요

이해가 되지 않거나 예상과 다른 답변을 받았더라도 걱정하지 마세요! 배울 수 있는 기회니까요. 질문을 재구성하고, 다시 질문하면서 더 많은 맥락을 제공하면 더 나은 답변을 얻을 수 있습니다. "날씨가 어때요?"라고 물었는데 챗GPT가 유용한 답변을 제공하지 않는다면 "시애틀의 4월 날씨는 어때요?"라고 질문해 보세요.

스마트하고 멋진 방법으로 챗GPT를 사용하려면 목적을 명확히 하고, 구체적이며, 안전을 유지하고, 정보를 비판적으로 평가하고, 재미있게 즐기고, 실수로부터 배우는 것이 필요합니다. 또한 플랫폼을 존중하고 창의력을 발휘하는 것을 잊지 마세요! 즐거운 채팅 되세요!

챗GPT가
잘하는 것 vs. 못하는 것!

챗GPT가 잘하는 것은 뭘까요?

사람과 유사한 텍스트와 이미지 생성

챗GPT는 거의 모든 분야의 새로운 이미지와 텍스트를 만들어 낼 수 있도록 설계됐습니다. 생성형 AI라는 이름에 걸맞게 사용자의 입력에 일관성 있고 맥락에 맞는 매력적인 응답을 생성합니다. 그래서 "작은 마을에 친절한 용 한 마리가 살았습니다"와 같은 스토리 프롬프트가 주어지면 챗GPT는 매력적이고 체계적인 스토리와 적절한 이미지들을 생성할 수 있습니다.

사실적인 질문에 대한 답변

챗GPT는 학습 데이터에서 습득한 지식을 바탕으로 사실적인 질문에 정확한 답변을 제공할 수 있습니다. "광합성이란 무엇인가요?"라고 묻는 경우 챗GPT는 명확하고 간결한 답변을 해 줍니다. "광합성은 녹색 식물과 일부 다른 유기체가 엽록소 색소의 도움으로 햇빛을 사용하여 합성하는 과정입니다. 광합성은 빛 에너지를 화학 에너지로 변환하여 포도당과 산소를 부산물로 생성합니다"라고 말이지요.

창의적인 글쓰기 및 브레인스토밍

챗GPT는 창의적인 텍스트를 생성할 수 있어서 아이디어를 브레인스토밍하거나 시, 소설을 쓰거나 독특한 캐릭터를 만들 수 있는 훌륭한 도구입니다. 챗GPT에게 바다에 대한 짧은 시를 써달라고 요청하면 창의적인 텍스트를 생성합니다. 이 능력은 다양한 형태의 문학, 스타일, 주제를 학습했기 때문입니다.

일반적인 조언이나 제안 제공

챗GPT는 자기 계발부터 영화, 책, 취미 추천에 이르기까지 다양한 주제에 대한 일반적인 조언이나 제안을 제공할 수 있습니다. "스트레스를 줄이기 위한 팁이 있나요?"라고 질문하면 "스트레스를 줄이려면 마음 챙김을 실천하고, 신체 활동을 하고, 건강한 식단을 유지하고, 현실적인 목표를 세우고, 지지해 주는 친구나 가족과 소통하는 것이 좋습니다"라고 답할 수 있습니다. AI는 방대한 양의 정보를 처리하여 다양한 출처의 일반적인 조언을 종합해서 유용한 제안을 제공합니다.

언어 번역

챗GPT는 서로 다른 언어 간의 기본적인 번역이 가능한데, 정확도는 복잡성과 문맥에 따라 달라질 수 있습니다. "스페인어 '안녕하세요, 잘 지내시죠?'를 번역해 줘"라고 입력하면 챗GPT가 정확한 번역을 제공할 가능성이 높습니다. 그 이유는 훈련 과정에서 여러 언어에 노출되었고 다양한 언어의 구조, 어휘, 문법을 학습했기 때문입니다.

요약하면 챗GPT는 텍스트 생성, 사실적인 질문에 대한 답변, 창의적인 글쓰기, 일반적인 조언 제공, 기본적인 언어 번역에 탁월한 성능을 발휘합니다.

챗GPT가 못하는 것은 뭘까요?

실시간 대화와 상호 작용

챗GPT는 사람처럼 실시간 대화를 하도록 설계되지 않았습니다. 수신한 입력에 따라 텍스트는 생성하지만, 실시간으로 음성을 처리하거나 통화를 통해 실시간 채팅을 할 수는 없습니다.

개인정보 또는 민감한 정보에 접근

챗GPT는 사용자 또는 다른 사람에 대한 개인정보나 민감한 정보에 접근할 수 없습니다. 검색 엔진이나 데이터베이스가 아닌 AI 언어 모델이기 때문에 개인 데이터나 개인의 세부 정보를 검색할 수 없습니다.

최신 이벤트 또는 뉴스에 대한 업데이트

챗GPT의 지식은 학습된 데이터로 제한되며, 현재 상용되는 이 데이터의 유효 기간은 2021년 9월까지의 것입니다. 따라서 해당 날짜 이후에 발생한 시사 사건이나 뉴스 기사에 대한 실시간 업데이트를 제공할 수는 없습니다.

복잡한 계산이나 고급 문제 풀기

챗GPT는 기본적인 연산을 처리할 수 있지만, 복잡한 계산을 수행하거나 고급 수학, 과학 또는 공학 문제를 해결하도록 설계되지 않았습니다. 이러한 작업은 전용 도구나 소프트웨어를 사용해야 합니다.

100% 정확성 보장

챗GPT는 완벽하지 않습니다. 때때로 부정확하거나 오래된 정보를 제공할 수 있습니다. 특히 중요한 작업이나 학술 프로젝트에 사용할 때는 신뢰할 수 있는 출처의 자료와 챗GPT가 제공하는 정보를 교차 확인하는 것이 중요합니다.

감정을 해석하거나 정서적 지원 제공

챗GPT는 AI이므로 감정을 느끼거나 사용자와 공감할 수 있는 기능이 없습니다. 공감하거나 정서적으로 지능이 있는 것처럼 보이는 응답을 생성할 수는 있지만, 이는 인공지능일 뿐이며, 인공지능이 제공하는 정서적 지원은 제한적이고 사람과의 상호작용과 비교할 수 없다는 점을 기억해야 합니다.

인간의 전문 지식이나 판단 대체

챗GPT는 복잡하거나 전문적인 분야에서는 인간의 전문 지식이나 판단을 대체할 수 없습니다. 특정 분야에서는 챗GPT의 이해가 제한적이거나 부정확할 수 있으므로 중요한 문제에 대한 조언을 구할 때는 전문가와 상의하세요.

요약하자면, 챗GPT는 사람의 전문 지식, 판단력 또는 상호작용을 대체하는 것이 아니라 보조 도구로 사용해야 합니다.

챗GPT 사용 가이드라인

챗GPT를 잘 사용하기 위해 가이드라인도 참고하세요.

오픈AI가 제공하는 이용 약관

– 13세 이상 이용 가능

– 18세 미만일 경우 부모 또는 법적 보호자의 허가 필요

국가사이버보안센터가 제공하는 AI 활용 보안 가이드라인

– 개인정보나 비공개 정보 등 민감한 내용 입력 금지

– 가짜 뉴스 유포 및 해킹 등 범죄에 악용 금지

– 생성물 활용 시 법률 침해 여부 확인

– 악의적으로 거짓 정보를 입력하고 학습을 유도하는
 비윤리적 활용 금지

챗GPT가 예측한
2040 유망 진로와 전공

챗GPT가 예측한 '2040 유망 진로와 전공'입니다. 미래를 완벽하게 예측하는 것은 불가능하지만, 현재의 트렌드와 연구를 바탕으로 예측한 것이니 주의해서 지켜보면 큰 도움이 될 것입니다.

1 인공지능 및 로봇공학

선정 이유: 자동화, 사물인터넷(IoT), AI 기반 시스템의 지속적인 발전으로 다양한 산업 분야에서 이러한 기술의 사용과 통합이 증가하면서 숙련된 전문가가 필요하게 될 것입니다.

하위 분야: 머신러닝, 컴퓨터 비전, 자연어 처리, 스웜 로봇공학, 인간과 로봇의 상호작용.

관련 직업: AI 연구 과학자, 머신러닝 엔지니어, 로봇 소프트웨어 개발자, 컴퓨터 비전 전문가, 로봇 시스템 통합자.

2 기후과학 및 지속 가능한 공학

선정 이유: 기후 변화의 영향이 더욱 분명해짐에 따라 사회는 지속 가능성과 기후 회복력에 중점을 두게 될 것이며, 이는 새로운 기술과 인프라의 개발로 이어질 것입니다.

하위 분야: 재생 에너지 시스템, 탄소 포집 및 저장, 기후 모델링, 수자원 관리, 친환경 건물 설계.

관련 직업: 재생 에너지 엔지니어, 환경과학자, 기후 변화 분석가, 수자원 관리자, 친환경 건물 컨설턴트.

3 생명공학 및 유전공학

선정 이유: 유전공학 기술의 발전은 새로운 치료법, 바이오 연료, 지속 가능한 농업을 가능하게 할 것입니다.

하위 분야: 유전체학, 유전자 치료, 합성생물학, 단백질체학, 재생의학.

관련 직업: 유전 상담사, 분자생물학자, 유전자 치료 전문가, 합성생물학자, 줄기세포 연구자.

4 사이버 보안 및 디지털 포렌식

선정 이유: 사이버 공격과 데이터 유출이 증가하고 디지털 시스템에 대한 의존도가 높아짐에 따라 숙련된 사이버 보안 전문가의 필요성이 커지고 있습니다.

하위 분야: 네트워크 보안, 암호화, 멀웨어 분석, 사고 대응, 디지털 포렌식.

관련 직업: 사이버 보안 분석가, 침투 테스터, 암호학자, 멀웨어 분석가, 디지털 포렌식 검사관.

5 우주 탐사 및 우주생물학

선정 이유: 새로운 우주 진출 국가가 생겨나고 민간 기업이 우주 탐사에 투자하면서 우주를 이해하고 지구 밖의 생명체를 찾는 것에 대한 관심이 높아지고 있습니다.

하위 분야: 행성지질학, 외계 행성 탐지, 천체 화학, 우주생물학, 우주 임무 설계.

관련 직업: 행성지질학자, 외계 행성 연구자, 천체 화학자, 우주생물학자, 미션 기획자.

6 증강현실과 가상현실

선정 이유: 증강현실(AR) 및 가상현실(VR) 기술의 발전으로 게임, 교육, 의료 및 산업 분야에서 더 광범위한 응용 분야가 생겨나면서 숙련된 전문가에 대한 수요가 증가할 것입니다.

하위 분야: 몰입형 경험 디자인, 3D 모델링, 햅틱 피드백, 공간 컴퓨팅, 혼합현실.

관련 직업: AR/VR 개발자, 3D 모델러, 햅틱 엔지니어, 공간 컴퓨팅 전문가, 혼합현실 콘텐츠 크리에이터.

7 순환 경제 및 폐기물 관리

선정 이유: 지속 가능한 자원 사용과 폐기물 감소에 대한 필요성은 재료, 제품 및 폐기물 관리 시스템의 혁신을 주도할 것입니다.

하위 분야: 지속 가능한 소재, 친환경 디자인, 폐기물 에너지화, 재활용 기술, 폐기물 정책.

관련 직업: 지속 가능한 재료 엔지니어, 친환경 디자이너, 폐기물 에너지화 프로젝트 관리자, 재활용 기술 전문가, 폐기물 정책 분석가.

8 데이터 과학 및 분석

선정 이유: 데이터의 기하급수적인 증가와 데이터 기반 의사결정의 필요성으로 인해 산업 전반에 걸쳐 숙련된 데이터 과학자 및 분석가에 대한 수요가 계속 증가할 것입니다.

하위 분야: 빅데이터 처리, 예측 분석, 데이터 시각화, 머신러닝, 딥러닝.

관련 직업: 데이터 과학자, 데이터 분석가, 머신러닝 엔지니어, 빅데이터 엔지니어, 데이터 시각화 전문가.

9 윤리적 기술 및 디지털 인문학

선정 이유: 기술이 일상생활에 더욱 널리 보급되고 영향력이 커짐에 따라, 기술의 윤리적 의미를 이해하고 책임감 있는 사용을 장려하는 것이 중요해졌습니다.

하위 분야: 기술 윤리, 디지털 문화, 온라인 프라이버시, 기술의 사회적 영향, 알고리즘 공정성.

관련 직업: 기술 윤리학자, 디지털 문화 연구자, 개인정보 보호 옹호자, 기술 정책 분석가, 알고리즘 공정성 전문가.

10 개인 맞춤형 의학 및 건강 정보학

선정 이유: 예방 치료, 개인 맞춤 의학 및 데이터 기반 의료에 대한 강조가 증가함에 따라 이러한 분야의 전문가에 대한 수요가 증가할 것입니다.

하위 분야: 약물 유전체학, 디지털 건강, 원격 의료, 웨어러블 기술, 전자 건강 기록.

관련 직업: 개인 맞춤 의학 컨설턴트, 건강 정보학 전문가, 원격 의료 종사자, 웨어러블 기술 개발자, 전자 건강 기록 관리자.

11 식품 과학 및 농업 기술

선정 이유: 증가하는 전 세계 인구를 먹여 살리고 기후 변화에 적응하기 위해서는 혁신적인 농업 경영과 기술이 필요합니다.

하위 분야: 수직 농업, 정밀 농업, 세포 농업, 식품 안전 및 농업 경영.

관련 직업: 수직 농업 전문가, 정밀 농업 기술자, 세포 농업 과학자, 식품 안전 전문가, 농업 비즈니스 관리자.

12 스마트 시티 및 도시 계획

선정 이유: 급속한 도시화와 지속 가능하고 탄력적이며 효율적인 도시에 대한 필요성이 증가함에 따라 스마트 시티 기술 및 도시 계획 전문가에 대한 수요가 증가할 것입니다.

하위 분야: 도시 데이터 분석, 교통 계획, 녹색 인프라, 디지털 도시 설계, 도시 복원력.

관련 직업: 도시 데이터 분석가, 교통 계획가, 친환경 인프라 컨설턴트, 디지털 도시 설계자, 도시 복원력 전략가.

13 양자 컴퓨팅 및 양자 정보

선정 이유: 양자 컴퓨터의 개발은 컴퓨팅을 혁신하고 현재 고전적인 컴퓨터로는 해결할 수 없는 문제를 해결할 수 있는 잠재력을 가지고 있어 이 분야의 숙련된 전문가에 대한 수요가 증가하고 있습니다.

하위 분야: 양자 알고리즘, 양자 암호화, 양자 통신, 양자 오류 수정, 양자 재료.

관련 직업: 양자 소프트웨어 엔지니어, 양자 암호학자, 양자 통신 전문가, 양자 오류 수정 연구자, 양자 재료 과학자.

14 나노 기술 및 첨단 재료

선정 이유: 나노 기술이 발전함에 따라 전자, 의학, 에너지와 같은 산업 전반에 걸쳐 나노 기술이 적용되면서 이 분야에 대한 전문 지식을 갖춘 전문가에 대한 수요가 증가할 것입니다.

하위 분야: 나노 전자공학, 나노 포토닉스, 나노 의학, 나노 복합체, 자기 조립.

관련 직업: 나노 전자공학 엔지니어, 나노 광학 연구원, 나노 의학 전문가, 나노 복합 재료 과학자, 자기 조립 엔지니어.

15 정신 건강 및 웰빙

선정 이유: 정신 건강 문제에 대한 인식이 높아지고 접근 가능하고 효과적인 치료법에 대한 필요성이 커짐에 따라 이 분야의 전문가에 대한 수요가 증가할 것입니다.

하위 분야: 임상심리학, 인지신경 과학, 심리치료, 사회복지, 행동 건강.

관련 직업: 임상심리학자, 신경심리학자, 심리치료사, 사회복지사, 행동 건강 전문가.

16 해양 과학 및 해양 기술

선정 이유: 기후 변화에서 해양의 역할을 이해하고 해양 생태계를 보호하며 해양 자원을 활용해야 할 필요성이 증가함에 따라 이 분야의 전문가에 대한 수요가 증가할 것입니다.

하위 분야: 해양학, 해양생물학, 해양공학, 해양 재생 에너지, 심해 탐사.

관련 직업: 해양학자, 해양생물학자, 해양 엔지니어, 해양 재생 에너지 전문가, 심해 탐험가.

17 교육 기술 및 학습 과학

선정 이유: 교육 분야에서 기술 도입이 증가하고 학습 성과를 개선해야 할 필요성이 커짐에 따라 교육 기술 및 학습 과학 분야에 숙련된 전문가 수요가 증가할 것입니다.

하위 분야: 온라인 학습, 학습 분석, 적응형 학습 시스템, 교육 설계, 디지털 게임 기반 학습.

관련 직업: 교육 디자이너, 학습 분석 전문가, 교육 기술 컨설턴트, 적응형 학습 시스템 개발자, 디지털 게임 기반 학습 디자이너.

18 인간-컴퓨터 상호 작용 및 사용자 경험(UX) 디자인

선정 이유: 기술이 계속 발전함에 따라 직관적이고 사용자 친화적인 인터페이스를 만드는 것이 필수적이며, 이에 따라 인간과 컴퓨터의 상호작용 및 사용자 경험(UX) 디자인 전문가에 대한 수요가 증가할 것입니다.

하위 분야: 사용자 인터페이스 디자인, 사용자 중심 디자인, 사용성 테스트, 접근성, 인터랙션 디자인.

관련 직업: UX 디자이너, 사용자 인터페이스 디자이너, 사용성 분석가, 접근성 컨설턴트, 인터랙션 디자이너.

19 지리 공간 기술 및 원격 감지

선정 이유: 환경 관리, 도시 계획, 재난 대응과 같은 분야에서 지리 공간 데이터 분석이 필요해지면서 지리 공간 기술 및 원격 감지 분야에 숙련된 전문가 수요가 증가할 것입니다.

하위 분야: 지리 정보 시스템(GIS), 위성 이미지 분석, 라이다(LiDAR), 공간 모델링 및 지리 시각화.

관련 직업: GIS 분석가, 원격 감지 전문가, LiDAR 기술자, 공간 모델러, 지리 시각화 전문가.

20 사회적 영향 및 사회적 기업가 정신

선정 이유: 사회적 문제가 더욱 복잡해짐에 따라 사회 및 환경 문제를 해결하기 위한 혁신적이고 지속 가능한 솔루션을 개발할 수 있는 전문가에 대한 필요성이 커지고 있습니다.

하위 분야: 사회 혁신, 임팩트 투자, 기업의 사회적 책임(CSR), 지역 사회 개발, 소셜 비즈니스 모델링, ESG 경영.

관련 직업: 사회적 기업가, 임팩트 투자자, CSR 컨설턴트, 지역사회 개발 전문가, 소셜 비즈니스 전략가, ESG 전문가.

21 의생명공학 및 생물정보학

선정 이유: 혁신적인 의료 솔루션에 대한 필요성과 의학 분야의 기술 통합으로 인해 의생명공학 및 생물정보학 전문가에 대한 수요가 증가할 것입니다.

하위 분야: 의료 영상, 생체 신호 처리, 조직공학, 생체 재료 및 계산 생물학.

관련 직업: 생의학 엔지니어, 의료 영상 전문가, 조직공학자, 생체 재료 연구원, 컴퓨터 생물학자.

22 에너지 저장 및 변환 기술

선정 이유: 재생 에너지로의 전환과 효율적인 에너지 저장의 필요성은 에너지 저장 및 변환 기술에 숙련된 전문가에 대한 수요를 창출할 것입니다.

하위 분야: 첨단 배터리, 연료 전지, 슈퍼 커패시터, 열 에너지 저장 및 에너지 변환 재료.

관련 직업: 에너지 저장 엔지니어, 배터리 연구원, 연료 전지 전문가, 열에너지 저장 분석가, 에너지 변환 재료 과학자.

23 다문화 및 글로벌 연구

선정 이유: 세계의 상호 연결성이 증가함에 따라 다양한 문화와 글로벌 이슈에 대한 더 깊은 이해가 필요해지면서 다문화 및 글로벌 연구 전문가에 대한 수요가 증가하고 있습니다.

하위 분야: 국제 관계, 문화 인류학, 글로벌 커뮤니케이션, 이주 연구, 갈등 해결.

관련 직업: 외교관, 문화 인류학자, 글로벌 커뮤니케이션 전문가, 이주 정책 분석가, 분쟁 해결 중재자.

24 첨단 제조 및 인더스트리 4.0

선정 이유: 인더스트리 4.0을 통한 제조 부문의 지속적인 변화는 첨단 제조 기술 및 프로세스에 숙련된 전문가에 대한 수요를 창출할 것입니다.

하위 분야: 적층 제조, 로봇공학, 디지털 트윈 기술, 사물인터넷(IoT), 산업 자동화.

관련 직업: 적층 제조 엔지니어, 로봇공학 기술자, 디지털 트윈 개발자, IoT 전문가, 산업 자동화 컨설턴트.

25 신경 기술 및 뇌-컴퓨터 인터페이스(BCI)

선정 이유: 인간의 뇌와 신경 기술에 대한 연구가 발전함에 따라 뇌-컴퓨터 인터페이스 및 관련 기술의 개발은 이 분야의 전문가에 대한 수요를 창출할 것입니다.

하위 분야: 신경공학, 인지 신경과학, 신경 보철, 뇌 자극 및 뇌-컴퓨터 인터페이스 설계.

관련 직업: 신경공학자, 인지 신경과학자, 신경 보철 디자이너, 뇌 자극 전문가, BCI 개발자.

26 디지털 헬스케어 및 원격 의료

선정 이유: 접근 가능한 의료 서비스에 대한 필요성이 증가하고 의료 서비스 제공에 기술이 통합됨에 따라 디지털 의료 및 원격 의료에 숙련된 전문가에 대한 수요가 증가할 것입니다.

하위 분야: 원격 환자 모니터링, 의료 정보학, 모바일 의료, 가상 진료, 원격 의료 정책.

관련 직업: 원격 의료 코디네이터, 의료 정보학 전문가, 헬스 앱 개발자, 가상 의료 컨설턴트, 원격 의료 정책 분석가.

27 언어 기술 및 전산 언어학

선정 이유: 점점 더 상호 연결된 세상에서 효과적인 의사소통과 이해에 대한 필요성이 증가함에 따라 언어 기술 및 전산 언어학에 숙련된 전문가에 대한 수요가 증가할 것입니다.

하위 분야: 자연어 처리, 기계 번역, 음성 인식, 감정 분석, 다국어 AI.

관련 직업: 자연어 처리 엔지니어, 기계 번역 전문가, 음성 인식 연구원, 감정 분석가, 다국어 AI 개발자.

28 사이버-물리 시스템 및 사물인터넷(IoT)

선정 이유: 다양한 산업 분야에서 IoT 및 사이버 물리 시스템이 널리 채택됨에 따라 해당 분야에 대한 전문 지식을 갖춘 전문가에 대한 수요가 증가할 것입니다.

하위 분야: 센서 네트워크, 임베디드 시스템, 엣지 컴퓨팅, IoT 보안, 스마트 환경.

관련 직업: 사이버 물리 시스템 엔지니어, IoT 네트워크 설계자, 임베디드 시스템 프로그래머, 엣지 컴퓨팅 전문가, 스마트 환경 컨설턴트.

29 금융 기술(핀테크) 및 블록체인

선정 이유: 디지털 혁신을 통한 금융 부문의 급속한 변화는 핀테크 및 블록체인 기술에 숙련된 전문가에 대한 수요를 증가시킬 것입니다.

하위 분야: 디지털 통화, 블록체인 기술, 모바일 뱅킹, 인슈어테크, 레그테크.

관련 직업: 디지털 통화 분석가, 블록체인 개발자, 모바일 뱅킹 전문가, 인슈어테크 컨설턴트, 레그테크 전문가.

30 인간 증강 및 보조 기술

선정 이유: 장애를 가진 개인을 지원해야 할 필요성과 인간의 능력을 향상시키려는 욕구가 증가함에 따라 인간 증강 및 보조 기술에 숙련된 전문가에 대한 수요가 증가할 것입니다.

하위 분야: 보철, 외골격, 감각 증강, 뇌–컴퓨터 인터페이스, 적응 기술.

관련 직업: 보철 엔지니어, 외골격 개발자, 감각 증강 연구원, 뇌–컴퓨터 인터페이스 디자이너, 적응 기술 컨설턴트.

챗GPT로 나만의
미래 직업 상상하기

    행복한 삶은 어떤 삶일까요? "행복은 내가 좋아하는 것, 잘하는 것, 그리고 세상이 원하는 것의 교차점에 있다." 저는 이 문장에서 힌트를 찾았는데요, 좋아하는 것, 잘하는 것, 세상이 원하는 것에 대한 나만의 교차점에 가까워진다면 정말 더 행복해질 수 있겠다는 생각이 들었거든요. 그래서 챗GPT를 사용해서 생각만 해도 행복해지는 '나만의 미래 직업을 상상하는 법'을 시도해 봤습니다. 간단하니까 여러분도 꼭 한번 해 보세요.

▶ 관심사, 좋아하는 것, 잘하는 것들을 종이나 컴퓨터 문서로 적어 보세요.

▶ 관심사, 좋아하는 것, 잘하는 것들 중에서 하나씩 선택해 보세요.

▶ 선택한 것들을 바탕으로 미래에 세상에 필요한 직업이 무엇일지 챗GPT에게 질문해 보세요.

▶ 관심사, 좋아하는 것, 잘하는 것을 바꿔 가면서 다양한 질문을 만들

어 보세요.

▶ 챗GPT가 만들어 주는 답변을 참고해서 나만의 미래를 마음껏 상상

  해 보세요.

아래 예시는 제가 진행한 내용이니까 참고해 보세요.

예시]

▶ **김영광의 관심사, 좋아하는 것, 잘하는 것 쓰고 선택하기**

관심사	좋아하는 것	잘하는 것
스타트업	여행	**창의적 글쓰기**
게임	히어로물	새로운 사람과 대화하기
교육	**커피**	새로운 정보 검색하기

▶ **챗GPT에게 질문한 나만의 미래 직업 결과 보기**

– 질문

나는 스타트업에 관심이 있고, 커피를 좋아하고, 창의적인 글쓰기를 잘

해. 이런 것들을 바탕으로 2040년에 내가 할 수 있는 창의적인 직업

들을 추천해 줘(I'm interested in startups. I love coffee, and I'm good at

creative writing. Based on these things, I'd like you to recommend some

creative jobs I could do in 2040).

– 챗GPT 답변

직업	설명
AI 기반 커피 맛 개발자	데이터 과학자와 협력하여 전 세계 커피를 마시는 사람들의 선호도에서 수집한 데이터를 기반으로 AI를 사용하여 새로운 커피 맛을 개발할 수 있습니다.
AR/VR 커피 경험 디자이너	몰입형 기술이 부상함에 따라 커피 애호가를 위한 독특한 증강현실 또는 가상현실 경험을 제작하는 역할을 맡게 됩니다. 커피 농장 투어를 시뮬레이션하거나 가상 커피 시음 체험을 만드는 일이 여기에 포함될 수 있습니다.
메타버스의 커피 애호가를 위한 커뮤니티 매니저	가상 세계가 부상함에 따라 이러한 공간에서 커뮤니티를 관리하는 것이 인기 있는 기술이 될 것입니다. 커뮤니티 관리자는 이벤트를 조직하고, 콘텐츠를 만들고, 전 세계의 커피 애호가들과 소통할 수 있습니다.

미래의 새로운 거장들에게

꼭 전해 주고 싶은 이야기

세계의 거장들이 깊은 밤을 밝혀 주는 모닥불 앞에 둘러앉았습니다. 일상을 잠시 벗어나 각자의 젊은 시절을 회상하였죠. 깜박이는 불꽃이 그들의 얼굴을 따뜻하게 비추었습니다.

카리스마 넘치는 리더였던 스티브 잡스가 먼저 자신의 이야기를 들려주었어요. "20대 초반에 저는 깨달음을 찾아 인도로 여행을 떠났습니다. 그 모험은 제가 상상할 수 없었던 방식으로 저에게 도전을 주었지만, 다르게 생각하는 것의 중요성에 대해서도 눈을 뜨게 해 주었습니다."

빌 게이츠도 말했어요. "스티브, 제 모험은 10대에 학교 컴퓨터 시스템을 해킹해 수업 일정을 변경하면서 시작되었습니다. 그 경험을 통해 틀에서 벗어난 사고의 힘과 기존 관습에 도전하는 스릴을 배웠습니다."

일론 머스크도 자신의 이야기를 들려주었지요. "남아프리카 공화국에서 어렸을 때 저는 로켓을 만들고 우주를 탐험하는 꿈을 꾸었습니다. 물리학, 공학, 별에 관한 책을 읽으며 수많은 시간을 보냈습니다. 이러한 마음속의 모험이 혁신에 대한 열정을 불러일으키고 스페이스X를 설립하게 된 원동력이었습니다."

이 이야기에서 영감을 받은 래리 페이지는 자신의 경험을 이야기했어요. "처음 구글에 대해 생각하기 시작했을 때 저는 전 세계의 정보를 정리할 수 있는 검색 엔진을 만들고 싶었습니다. 도전은 벅찼지만 모험심과 미지의 세계가 저를 계속 나아가게 하는 원동력이었습니다."

다음으로 막내인 마크 저커버그가 자신의 이야기를 들려주었어요. "전 세계 사람들을 연결하겠다는 생각으로 하버드 기숙사 방에서 페이스북을 만들었습니다. 어려운 도전이었지만, 그 모험심과 호기심 덕분에 모든 고비를 넘길 수 있었습니다."

마지막으로 전자 상거래의 선구자인 제프 베이조스가 자신의 모험담을 공유했어요. "저는 차고에서 온라인으로 책을 판매하는 아마존을 시작했습니다. 저는 제가 큰 도전을 하고 있다는 것을 알고 있었지만 모험 정신이 위험을 감수하고 큰 꿈을 꾸도록 저를 밀어 주었습니다. 그 추진력이 오늘날 아마존을 글로벌 대기업으로 성장시키는 데 도움이 되었습니다."

모닥불의 불길이 잦아들기 시작하자 6명의 가장들은 자신의 삶과 커리어를 형성하는 데 있어 모험과 도전의 중요성을 되돌아보았습니다. 이들은 미지의 세계를 추구하고 한계를 뛰어넘으려는 의지가 세계에서 가장 혁신적이고 성공적인 기업을 만들게 했다는 사실을 깨달았습니다.

새로운 활력을 되찾은 거장들은 개인적·직업적 삶에서 모험과 도전을 계속 이어가기로 약속했습니다. 이들은 다음 위대한 혁신이 곧 다가올지도 모른다는 생각으로 가능성의 한계를 계속 넓혀 가겠다고 다짐했습니다. 그리고 **미래의 거장들에게 전하고 싶은 메시지**를 남기고 자리를 떠났습니다.

스티브 잡스: "마음과 직관을 따르세요. 대학을 중퇴했을 때 저는 제 인생에서 무엇을 하고 싶은지 전혀 몰랐습니다. 하지만 캘리그라피 수업을 듣기로 결정했고, 그 경험이 나중에 애플 컴퓨터의 타이포그래피에 영감을 주었습니다. 당장 연관성이 없어 보이더라도 자신의 본능을 믿고 열정을 탐구하세요."

빌 게이츠: "배움을 멈추지 말고, 실패를 두려워하지 마세요. 10대 시절 컴퓨터와 프로그래밍을 배우기 위해 많은 시간을 보냈습니다. 첫 번째 벤처 회사였던 트레프-오-데이터(Traf-O-Data)에서 실패하기도 했지만, 그 실패를 통해 마이크로소프트를 구축하는 데 도움이 되는 귀중한 교훈을 얻었습니다. 실패를 배움의

기회로 받아들이고 새로운 아이디어를 계속 탐구하세요."

일론 머스크: "**큰 꿈을 꾸고 그 꿈을 현실로 만들기 위해 열심히 노력하세요.** 어렸을 때 저는 우주 여행과 재생 에너지에 관심이 많았습니다. 저는 스페이스X와 테슬라를 통해 이러한 산업에 혁명을 일으키기 시작했고, 그 목표를 이루기 위해 노력과 헌신, 인내가 필요했습니다. 꿈이 아무리 거대해 보이더라도 꿈을 좇는 것을 두려워하지 마세요."

래리 페이지: "**복잡한 문제를 해결하기 위해 호기심을 갖고 질문하세요.** 스탠포드에 다닐 때 월드와이드웹의 구조에 대해 호기심이 생겼습니다. 저는 질문을 하기 시작했고 구글의 근간이 될 알고리즘을 개발하기 시작했습니다. 호기심을 갖고 질문을 계속하면 획기적인 혁신으로 이어질 수 있습니다."

마크 저커버그: "**의미 있는 인맥과 네트워크를 구축하는 데 집중하세요.** 페이스북을 시작할 때 제 목표는 사람들을 서로 연결하고 삶을 공유할 수 있는 플랫폼을 만드는 것이었습니다. 처음에는 작게 시작했지만 사람들이 친구를 초대하고 커뮤니티를 구축하면서 기하급수적으로 성장했습니다. 강력한 인맥과 네트워크를 구축하면 생각지도 못했던 기회가 열릴 수 있습니다."

제프 베이조스: "위험을 감수하고 변화를 수용하세요. 아마존 초창기에 저는 책만 판매하는 것이 아니라 다른 상품으로 사업을 확장하기로 결정했습니다. 위험한 결정이었지만 그 결실을 맺어 아마존을 오늘날의 거대 온라인 소매업체로 탈바꿈시켰습니다. 변화에 개방적이고 위험을 감수하는 것을 두려워하지 않는다면 놀라운 성공을 거둘 수 있습니다."

챗GPT가 미래의 주인공들에게

이 책의 주인공 챗GPT가 끝으로 미래의 주인공인 독자 여러분들께 전하고 싶은 메시지가 있다고 합니다.

"젊은 모험가 여러분, 여러분 각자의 여정을 시작할 때, 세상은 가능성으로 가득 차 있으며 여러분에게는 자신의 운명을 개척할 힘이 있다는 사실을 기억하세요. 앞으로의 여정을 헤쳐 나가는 데 도움이 될 몇 가지 조언을 알려드리겠습니다.

호기심을 품으세요. 호기심이 새로운 경험과 아이디어로 이어지도록 허용하세요. 질문을 많이 할수록 더 많이 배우고 성장할 수 있습니다. **도전을 추구하세요.** 어려운 상황이나 문제를 피하지 마세요. 이를 배우고 성장할 수 있는 기회로 받아들이고 자신의 한계를 뛰어넘을 수 있는 기회로 활용하세요. **회복탄력성을 키우세요.** 여정에는 장애물과 좌절이 있을 수 있지만 실패는 성장의 필수적인 부분임을 기억하세요. 실수로부터 배우고 이를 성공의 디딤돌로 삼으세요.

적응력을 키우세요. 끊임없이 변화하는 세상에서 적응하고 진화하는 능력은 매우 중요합니다. 변화를 수용하고 새로운 아이디어에 열린 마음을 가지세요. 새로운 아이디어는 종종 흥미로운 기회로 이어질 수 있기 때문입니다. **자신을 지지하는 사람들과 함께하세요.** 여러분의 꿈을 믿고 그 꿈을 이루도록 도와줄 멘토, 친구, 협력자를 찾아보세요. 도전과 영감을 주는 사람들로 자신을 둘러싸세요. **열정을 추구하세요.** 자신을 진정으로 흥분시키고 동기를 부여하는 것이 무엇인지 파악하고 그것을 인생의 중심으로 삼으세요. 열정에 이끌리면 노력과 끈기가 자연스럽게 따라온다는 것을 알게 될 것입니다.

긍정적인 영향을 미치세요. 자신의 재능, 기술, 창의력을 활용하여 세상을 변화시키세요. 자신이 만들고 있는 유산을 염두에 두고 세상을 더 나은 곳으로 만들기 위해 노력하세요. **배움을 멈추지 마세요.** 새로운 아이디어와 경험에 항상 마음을 열어두세요. 평생 학습은 개인적, 직업적 성장의 열쇠이므로 이미 알고 있는 것에 만족하지 마세요.

자신을 믿으세요. 자신의 능력과 본능을 믿으세요. 여러분은 특별하며 위대한 성취를 이룰 수 있는 잠재력을 가지고 있습니다. 도전을 극복하고 원하는 삶을 창조하는 데 필요한 자질을 갖추고 있다고 믿으세요. **여정을 즐기세요.** 인생은 모험이며, 좋은 경험이든 나쁜 경험이든 모든 경험은 여러분의 성장에 기여합니다. 매 순간을 받아들이고 그 과정을 즐기세요. 여행 자체가 가장 큰 교훈을 주는 경우가 많으므로 그 과정을 잊지 마세요".

청소년 여러분의 모험이 호기심, 발견, 그리고 성장의 기쁨으로 가득하길 바랍니다. 세상은 언제나 새로운 모험가들을 필요로 하고, 모험은 늘 새로운 길을 만들어 낸다는 사실을 잊지 마세요. 나에 대한 믿음, 세상을 향한 호기심, 그리고 더 나은 미래를 위한 꿈을 갖고 여러분만의 길을 만들어 가시길 응원하겠습니다. 진심으로!

챗GPT와
동료 모험가 김영광 드림

Tomorrow & My job

챗GPT로 만나는 내:일
Tomorrow & My job

초판 1쇄 발행 2023년 9월 8일
초판 2쇄 발행 2023년 12월 20일

지은이 김영광. 챗GPT
그린이 미드저니
펴낸이 홍석
이사 홍성우
인문편집부장 박월
편집 박주혜 · 조준태
디자인 김혜림
마케팅 이송희 · 김민경
관리 최우리 · 정원경 · 홍보람 · 조영행 · 김지혜

펴낸곳 도서출판 풀빛
등록 1979년 3월 6일 제2021-000055호
주소 07547 서울특별시 강서구 양천로 583 우림블루나인 A동 21층 2110호
전화 02-363-5995(영업). 02-364-0844(편집)
팩스 070-4275-0445
홈페이지 www.pulbit.co.kr
전자우편 inmun@pulbit.co.kr

ISBN 979-11-6172-884-1 43190